DINOSAURS

素晴らしい恐竜

大人のための塗り絵

飾り付きの恐竜を持つ大人のための塗り絵。
先史時代の動物の世界

ISBN: 9798721123917

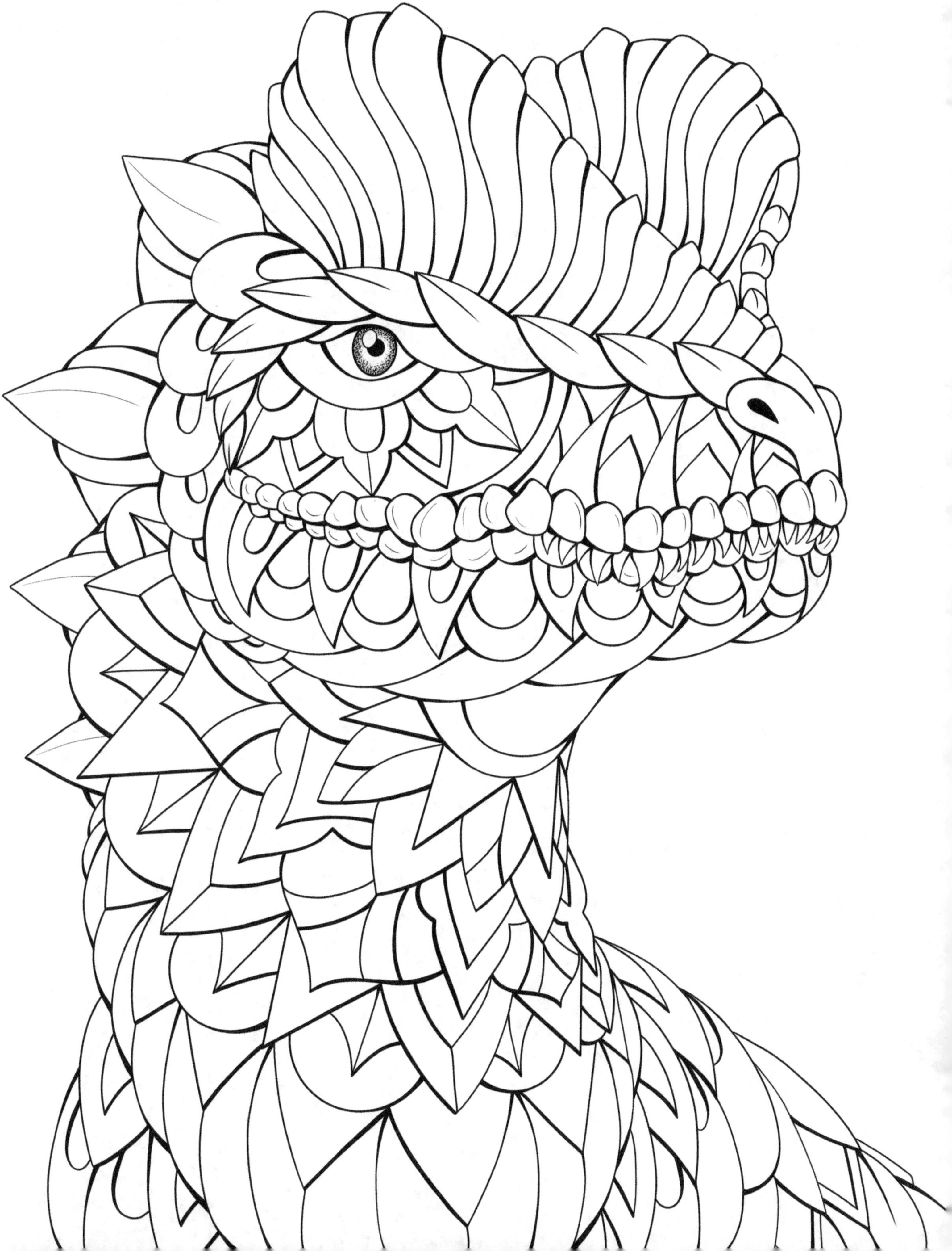

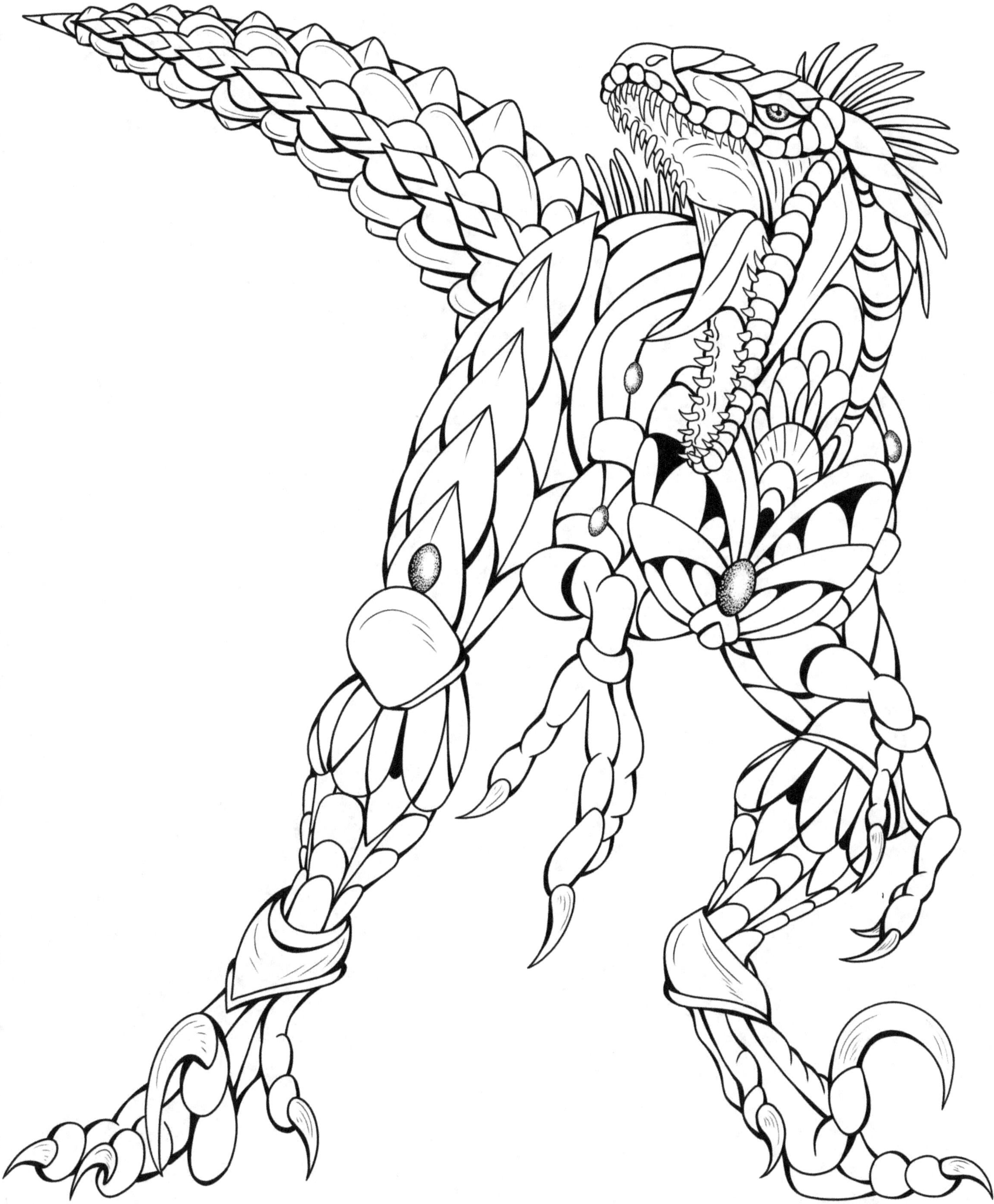

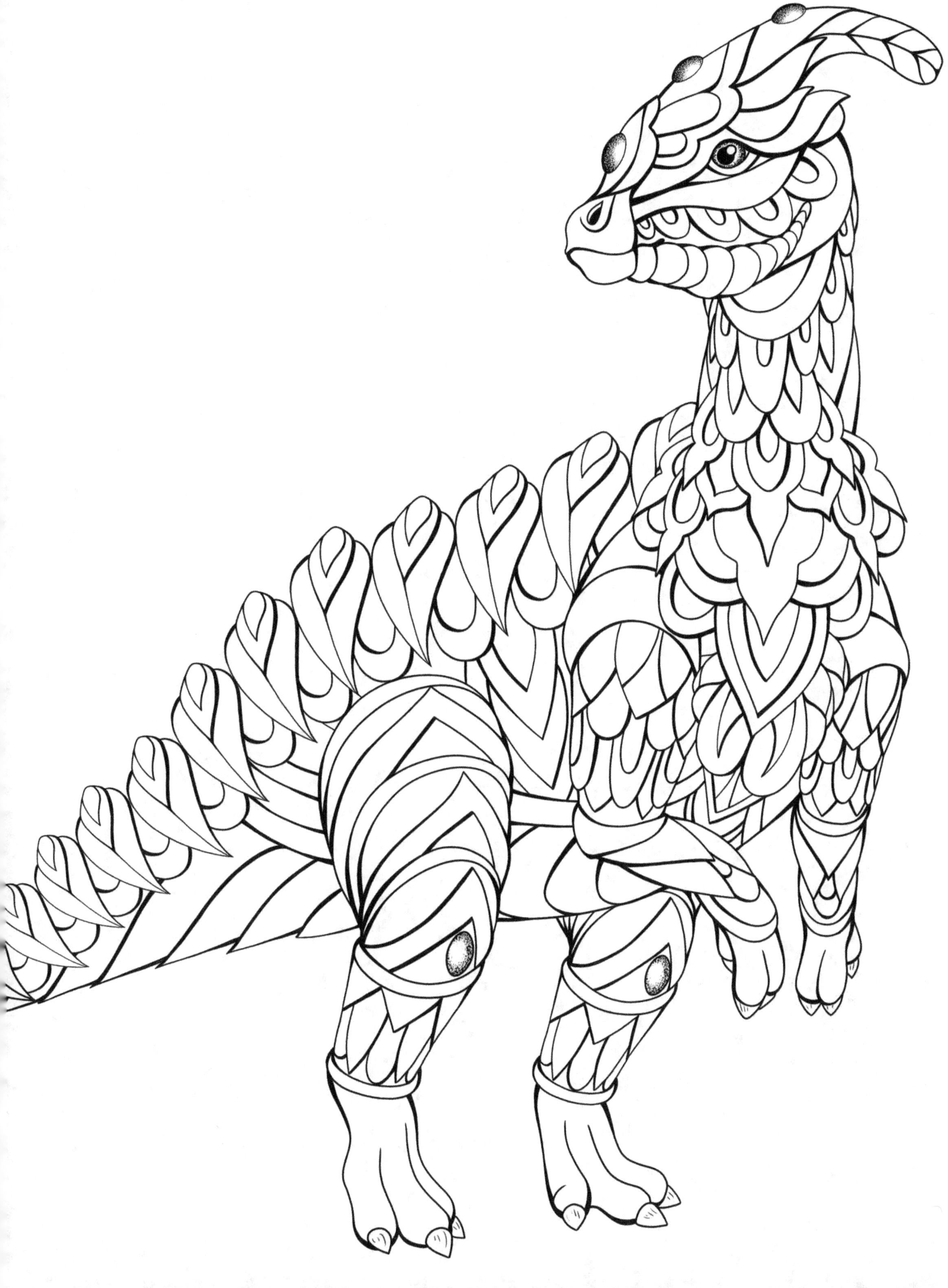

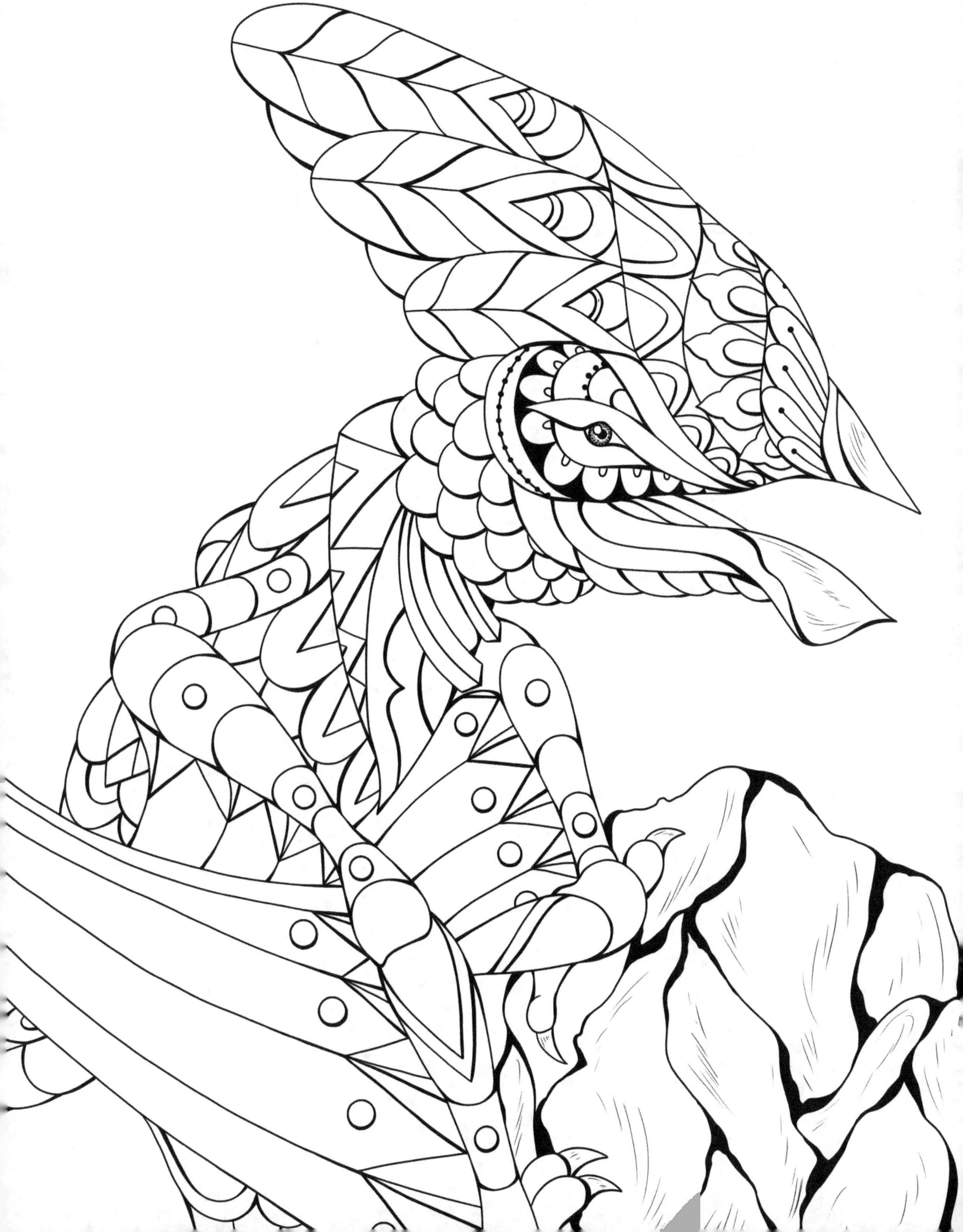

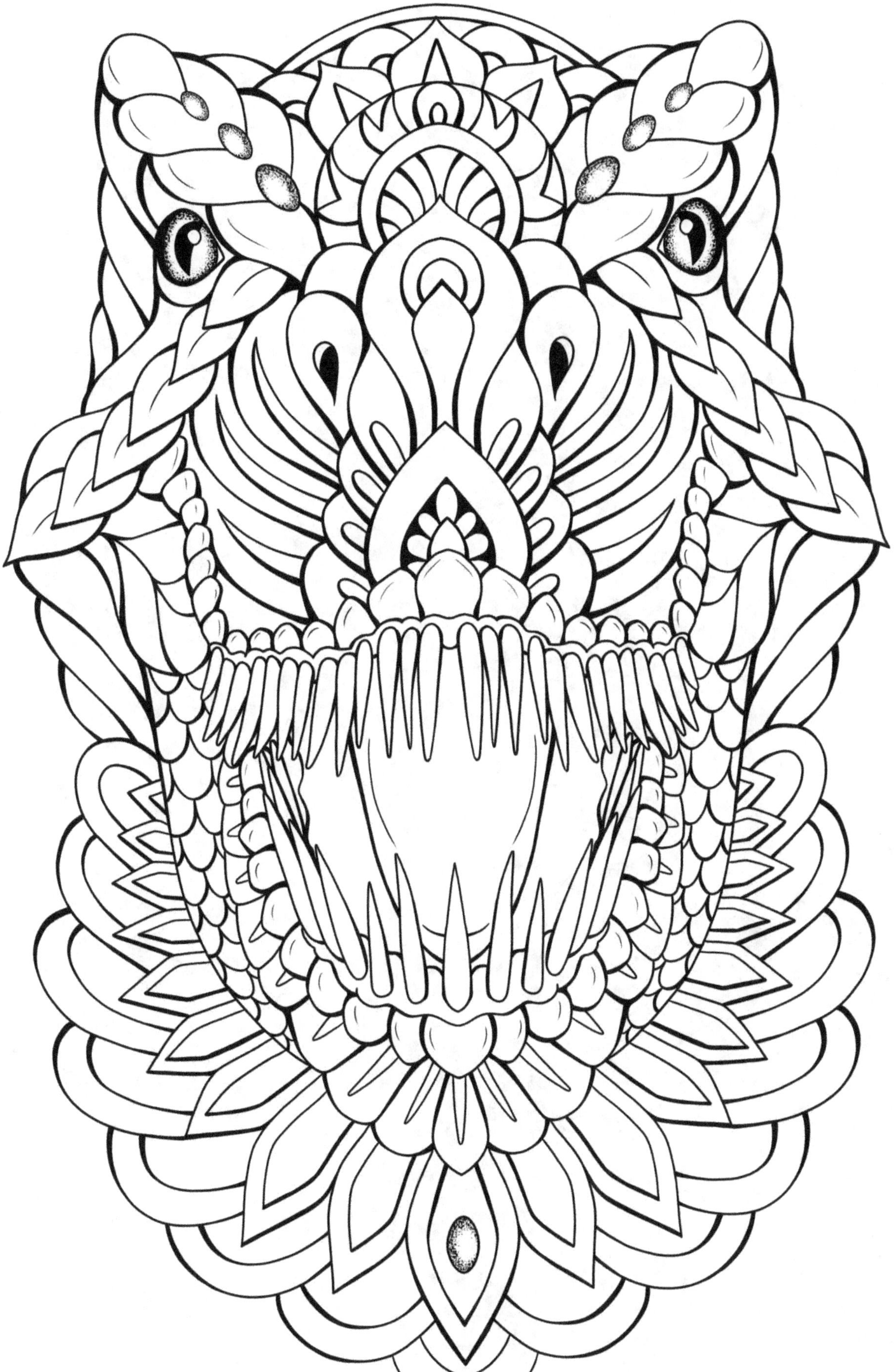

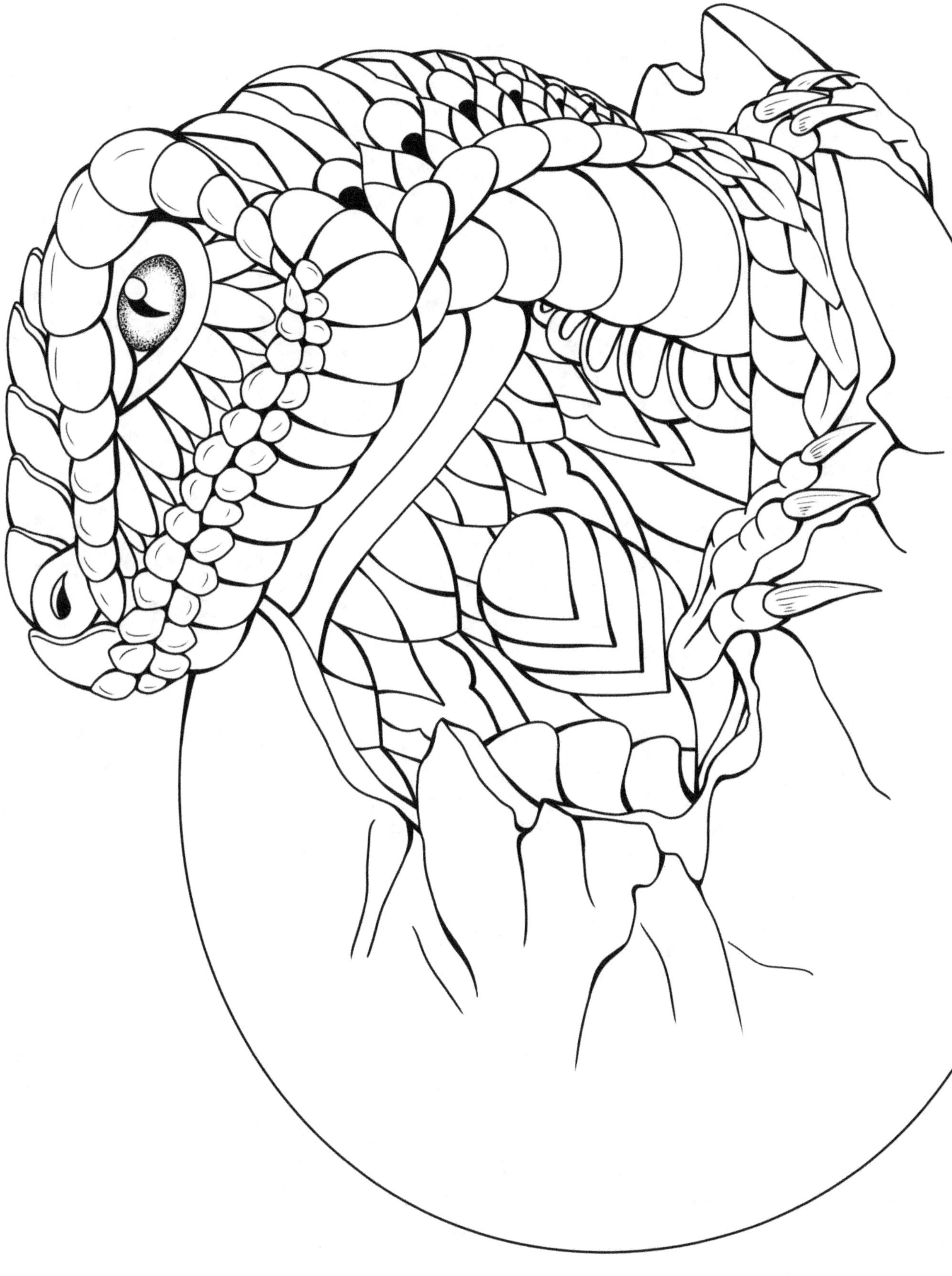

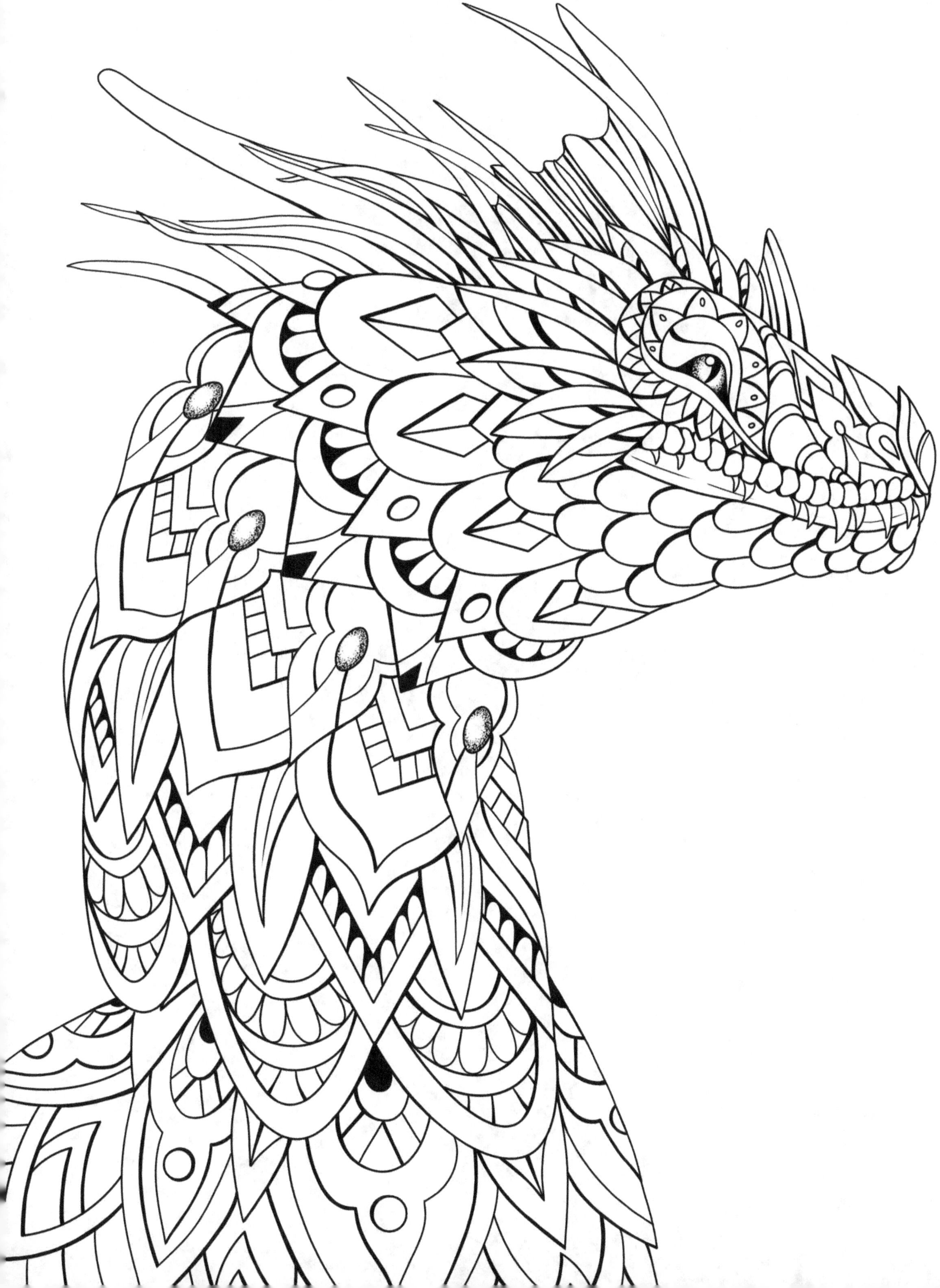

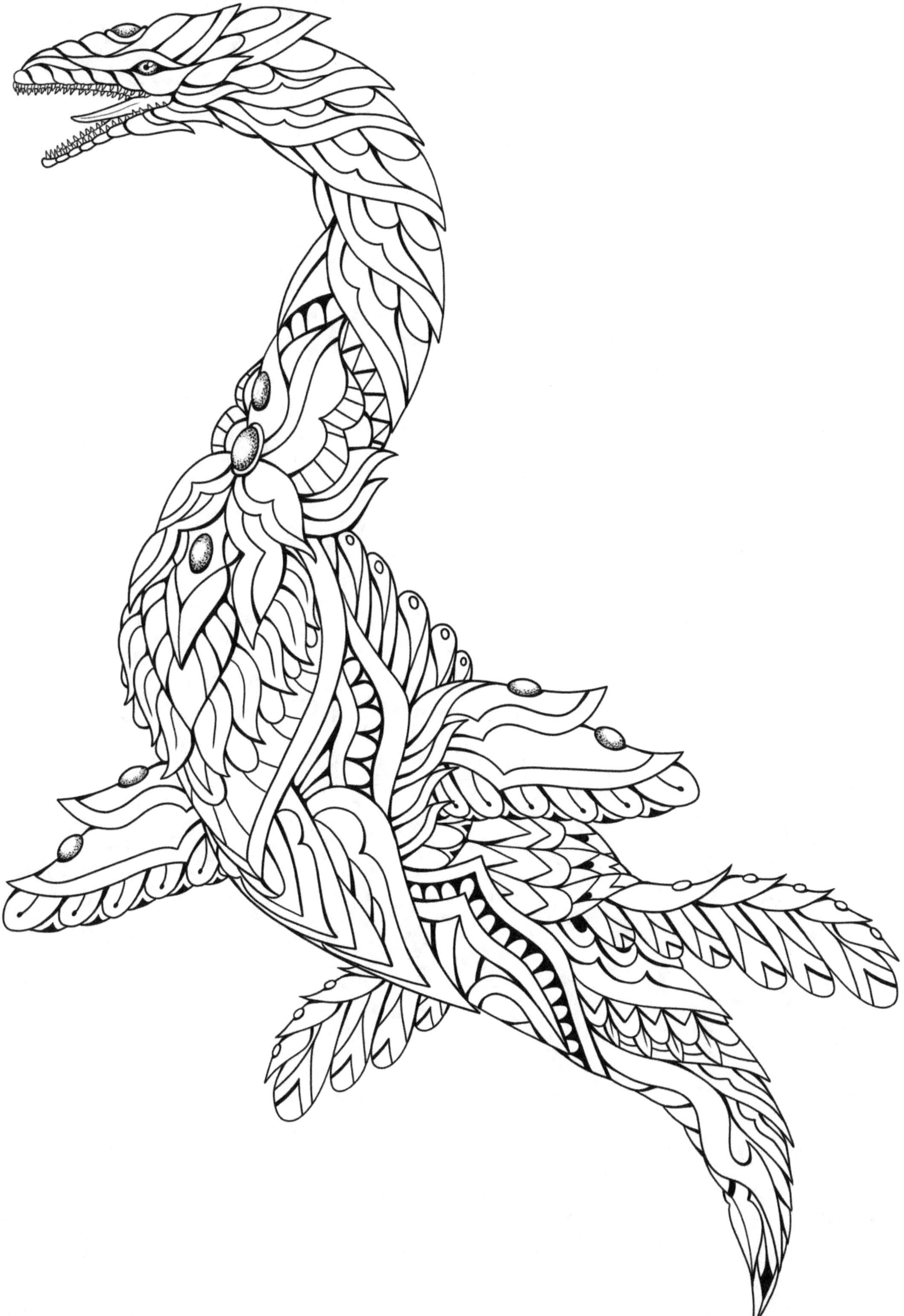

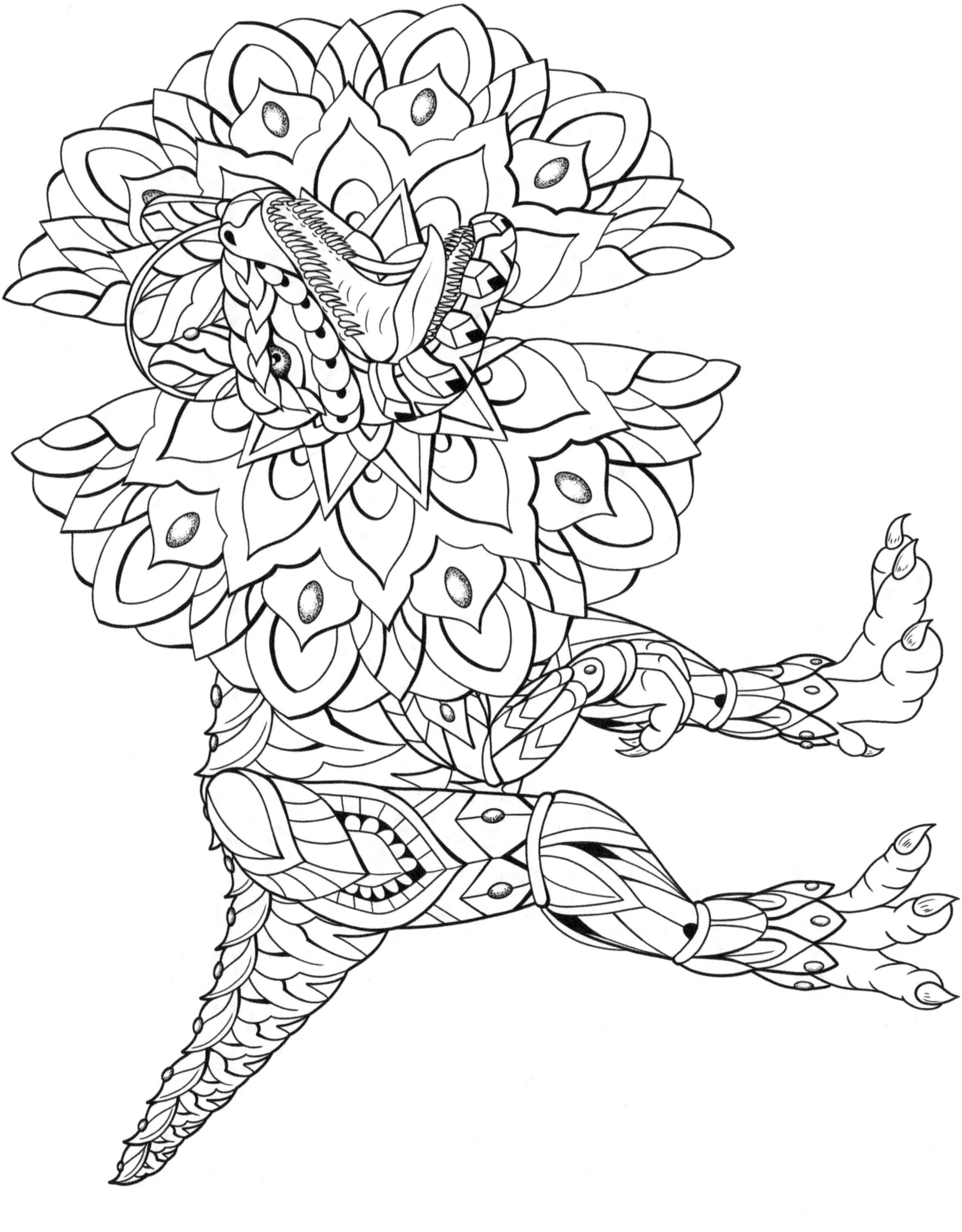

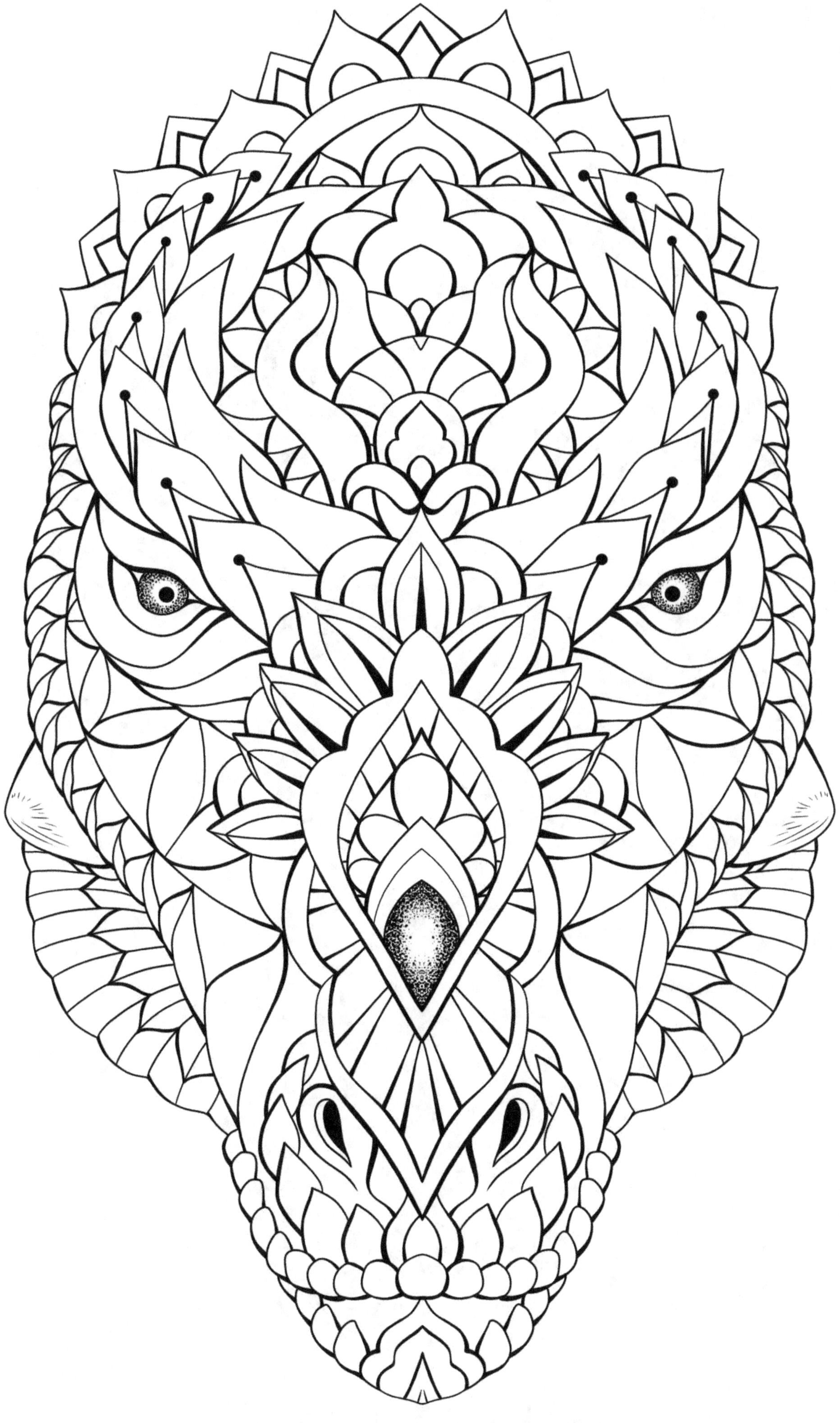

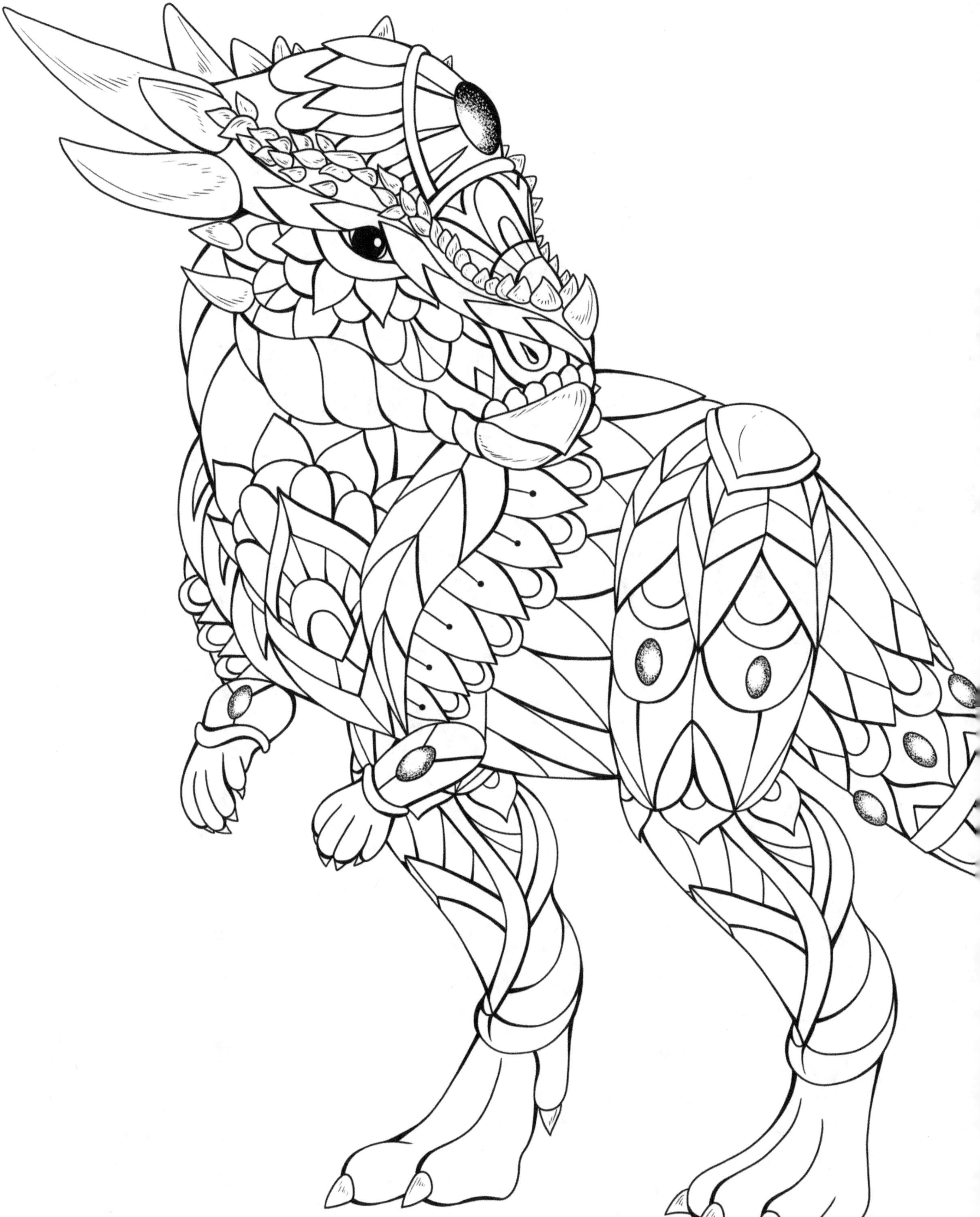

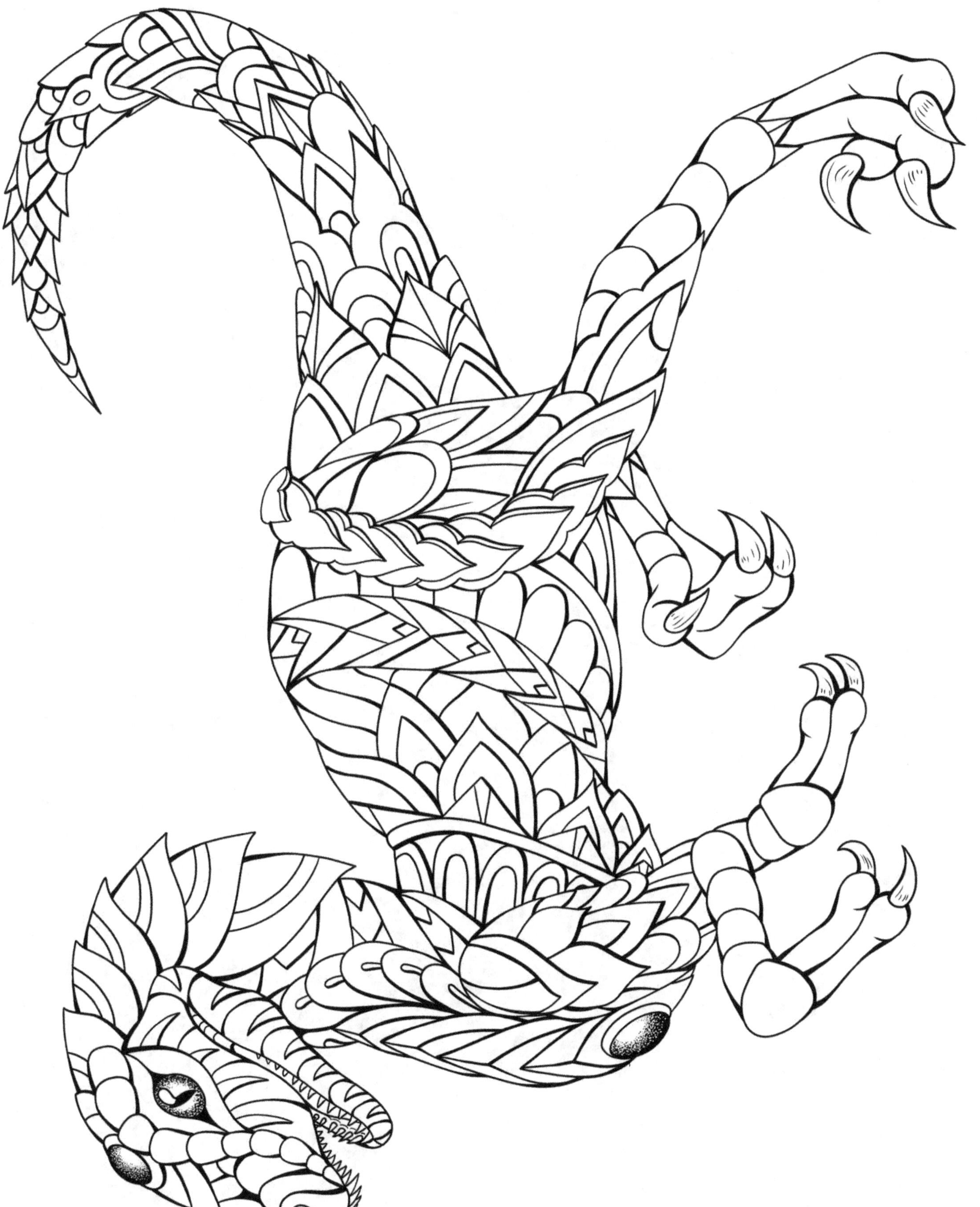

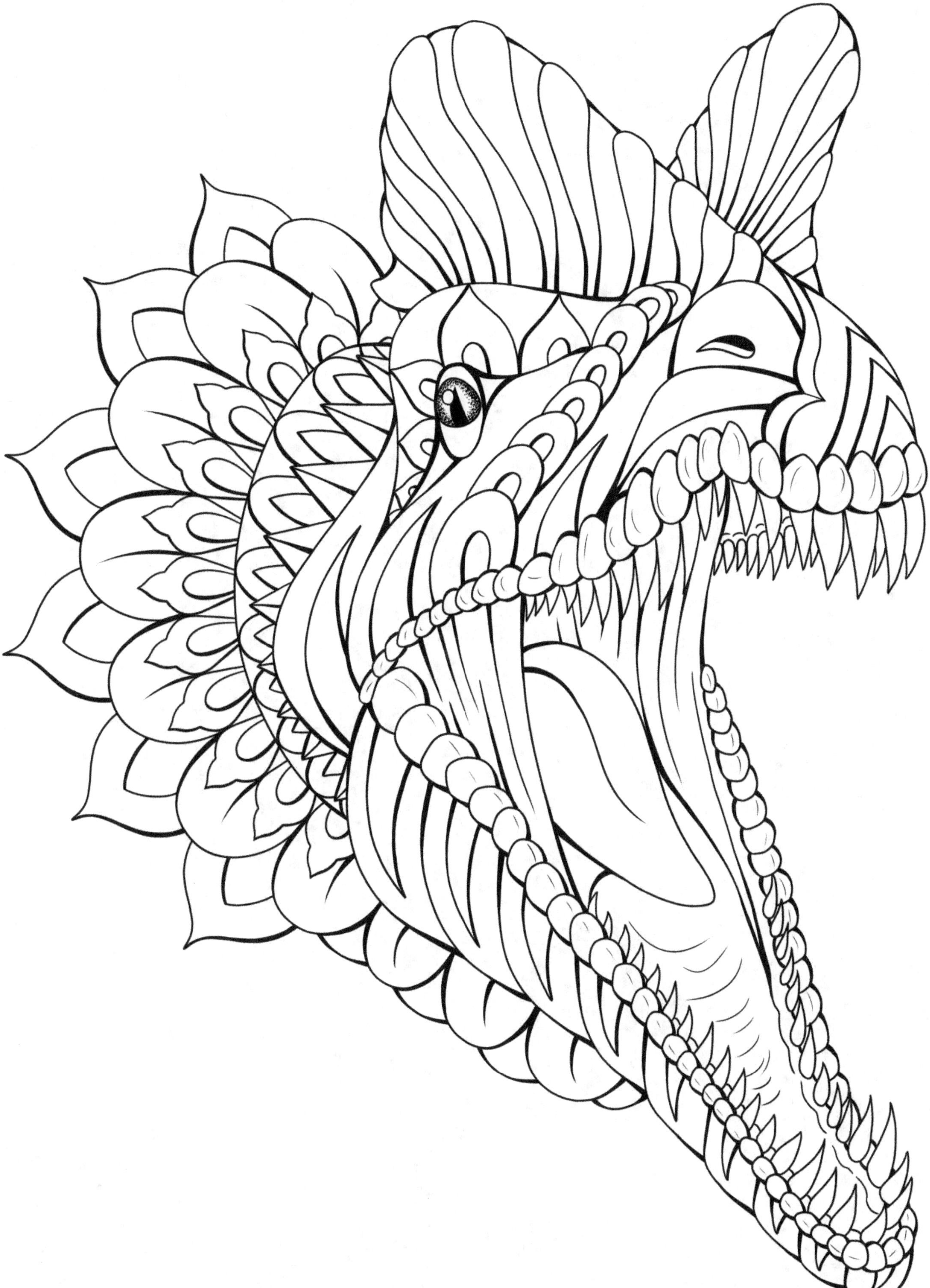

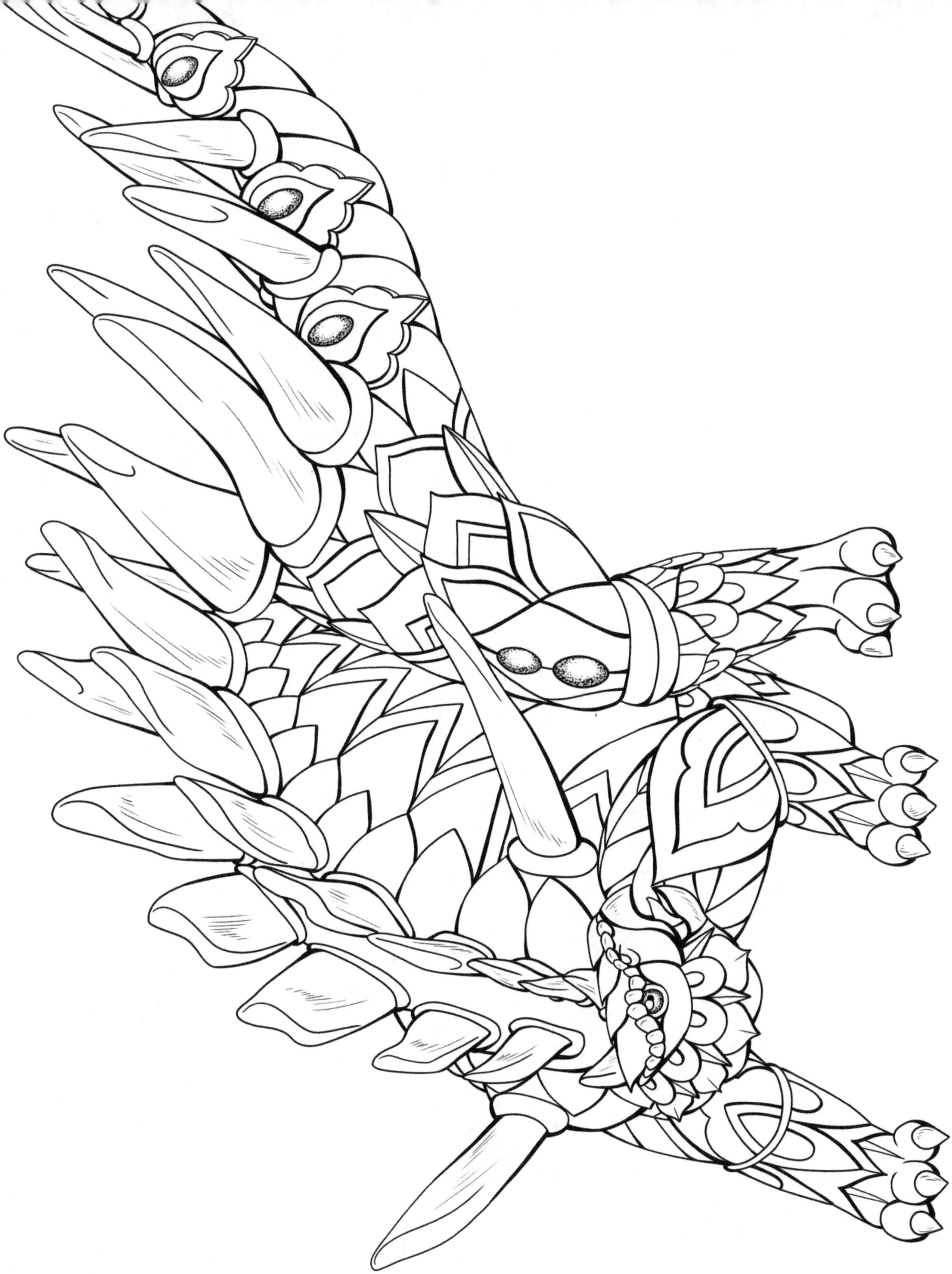

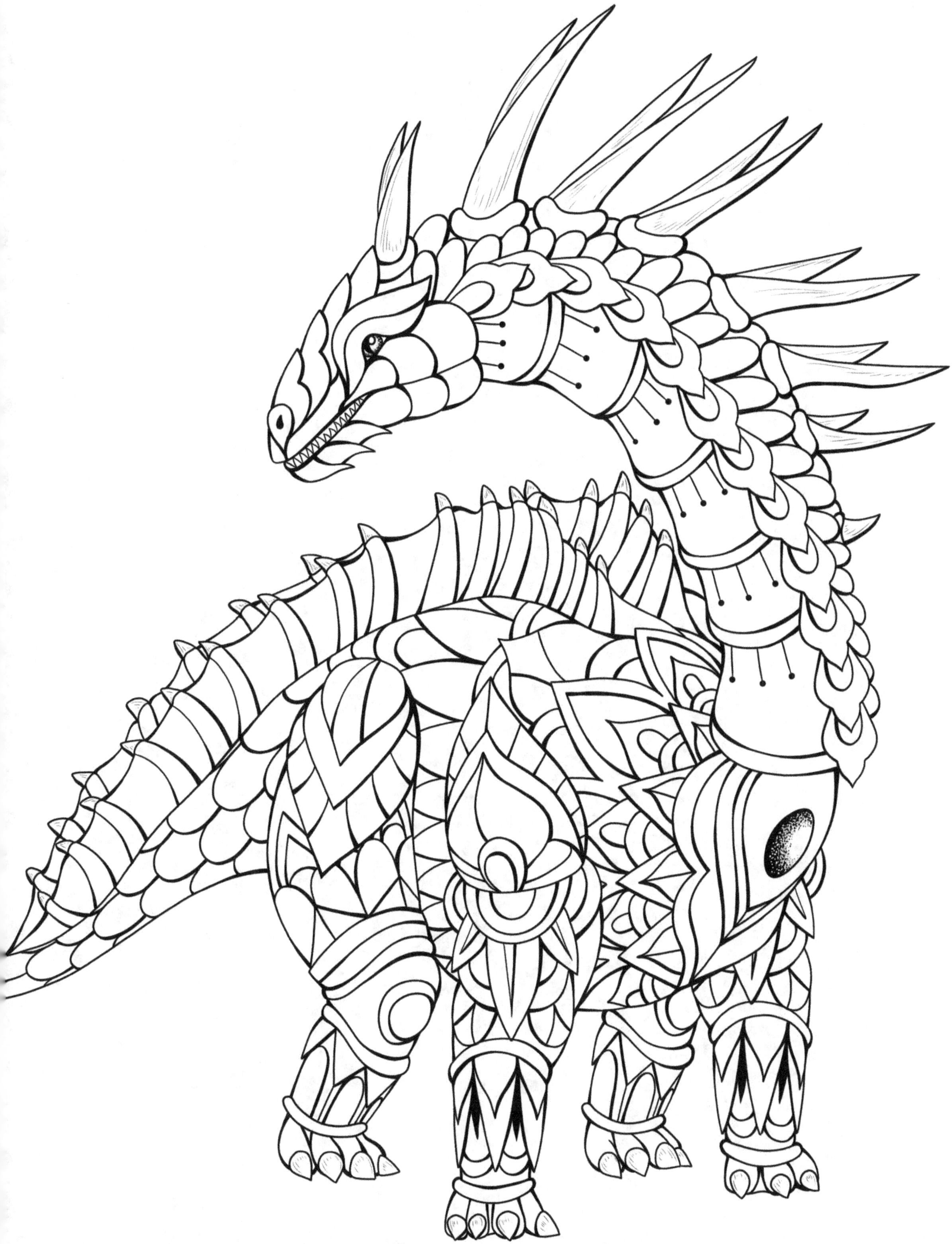

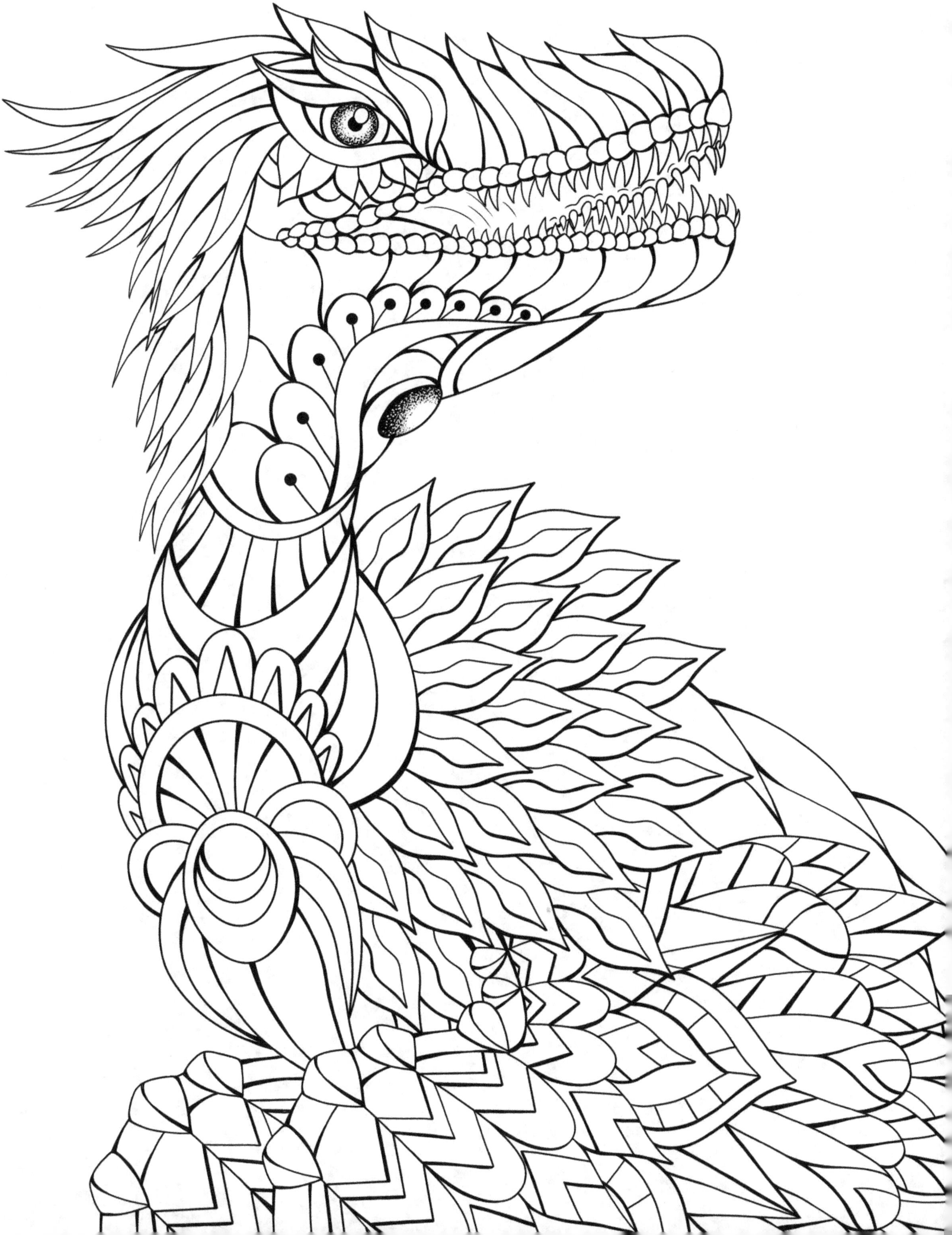

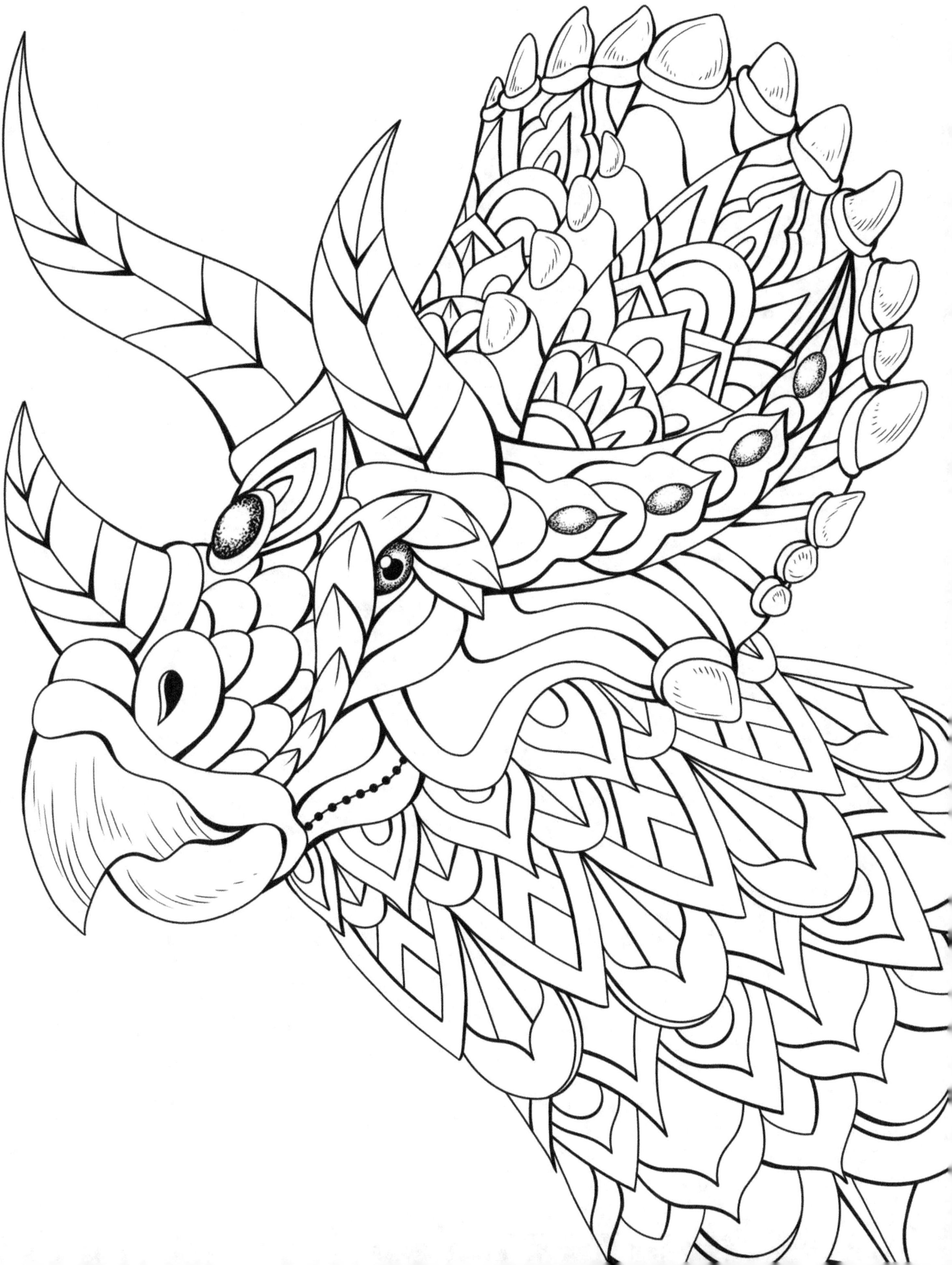

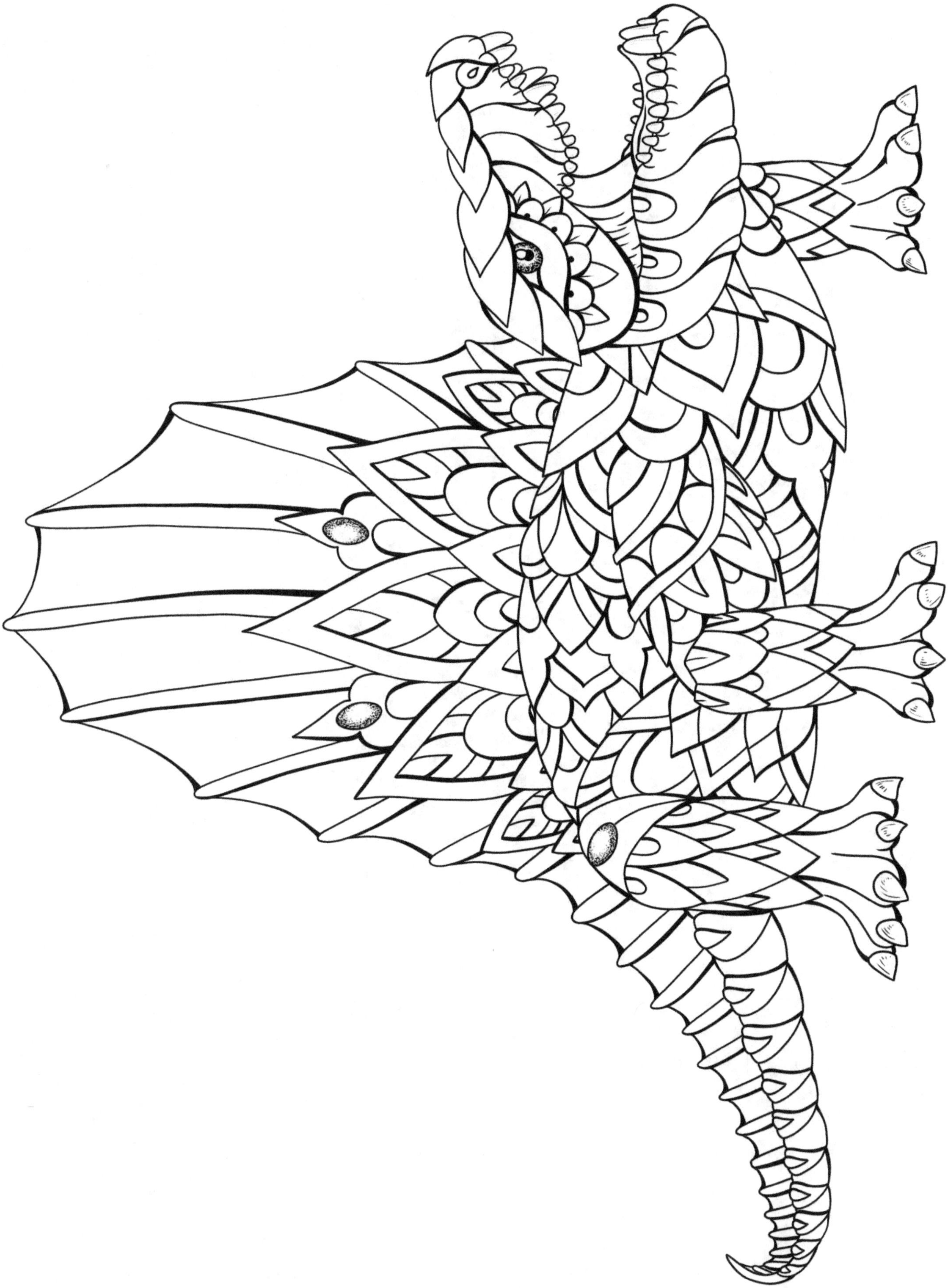

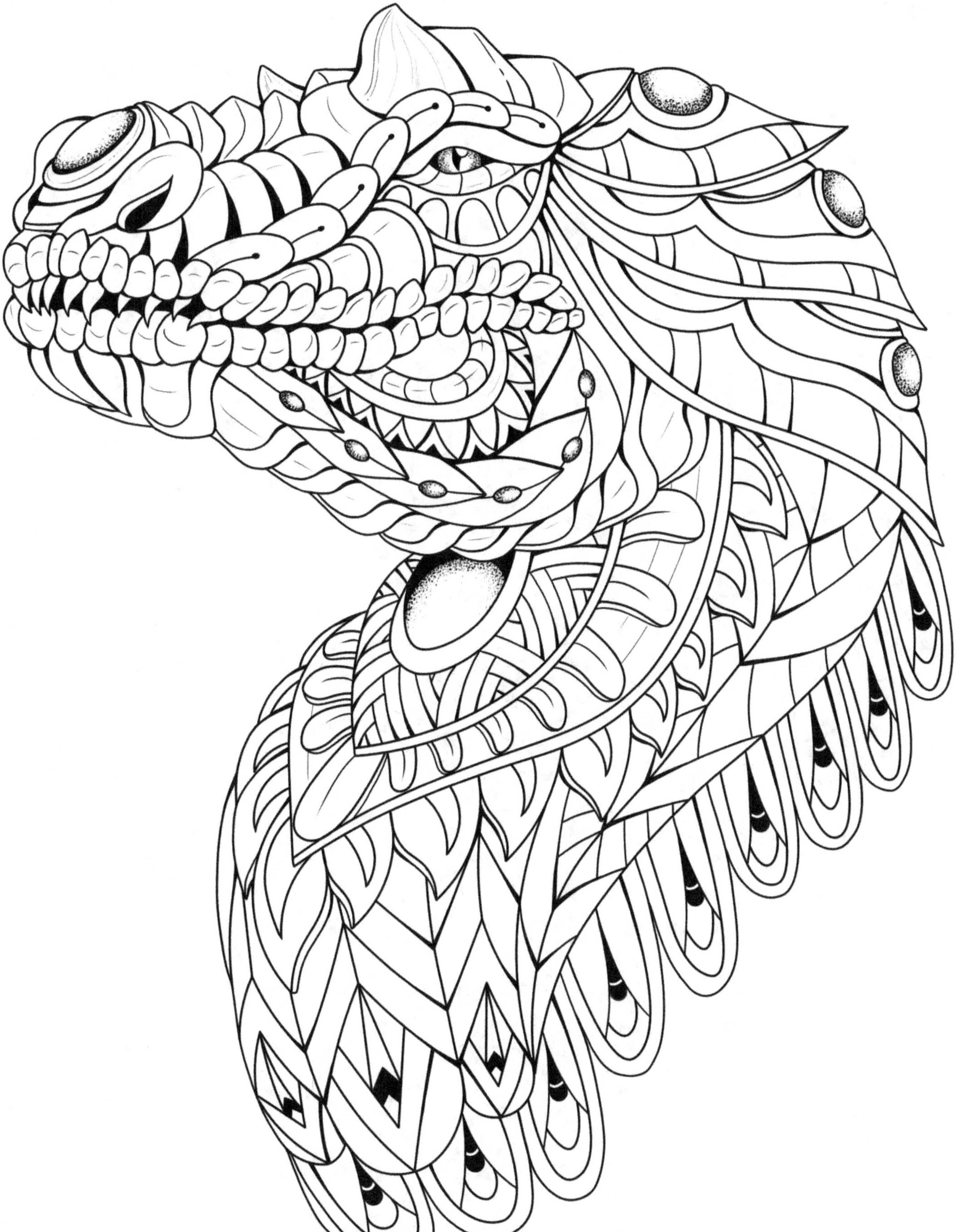

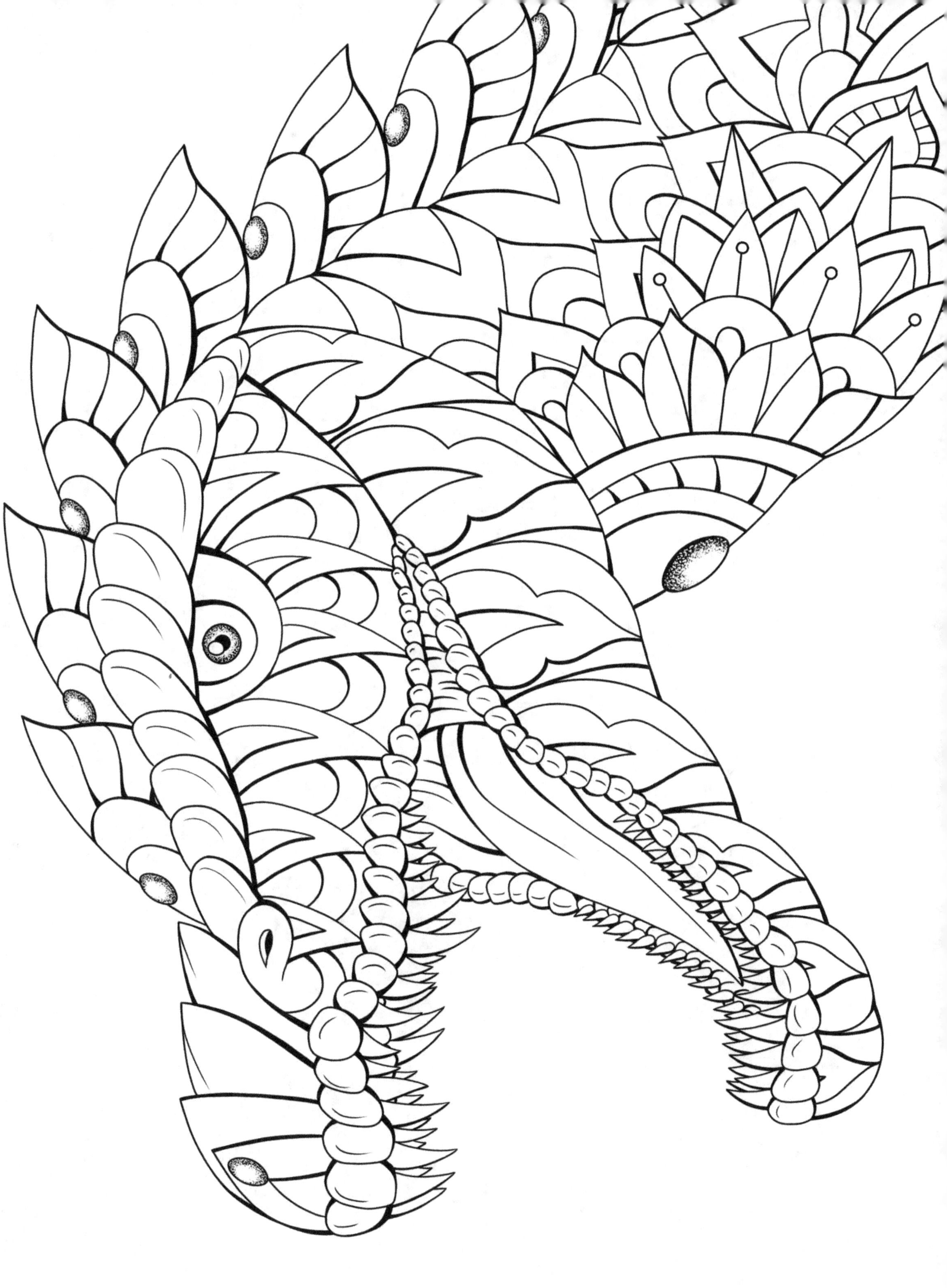

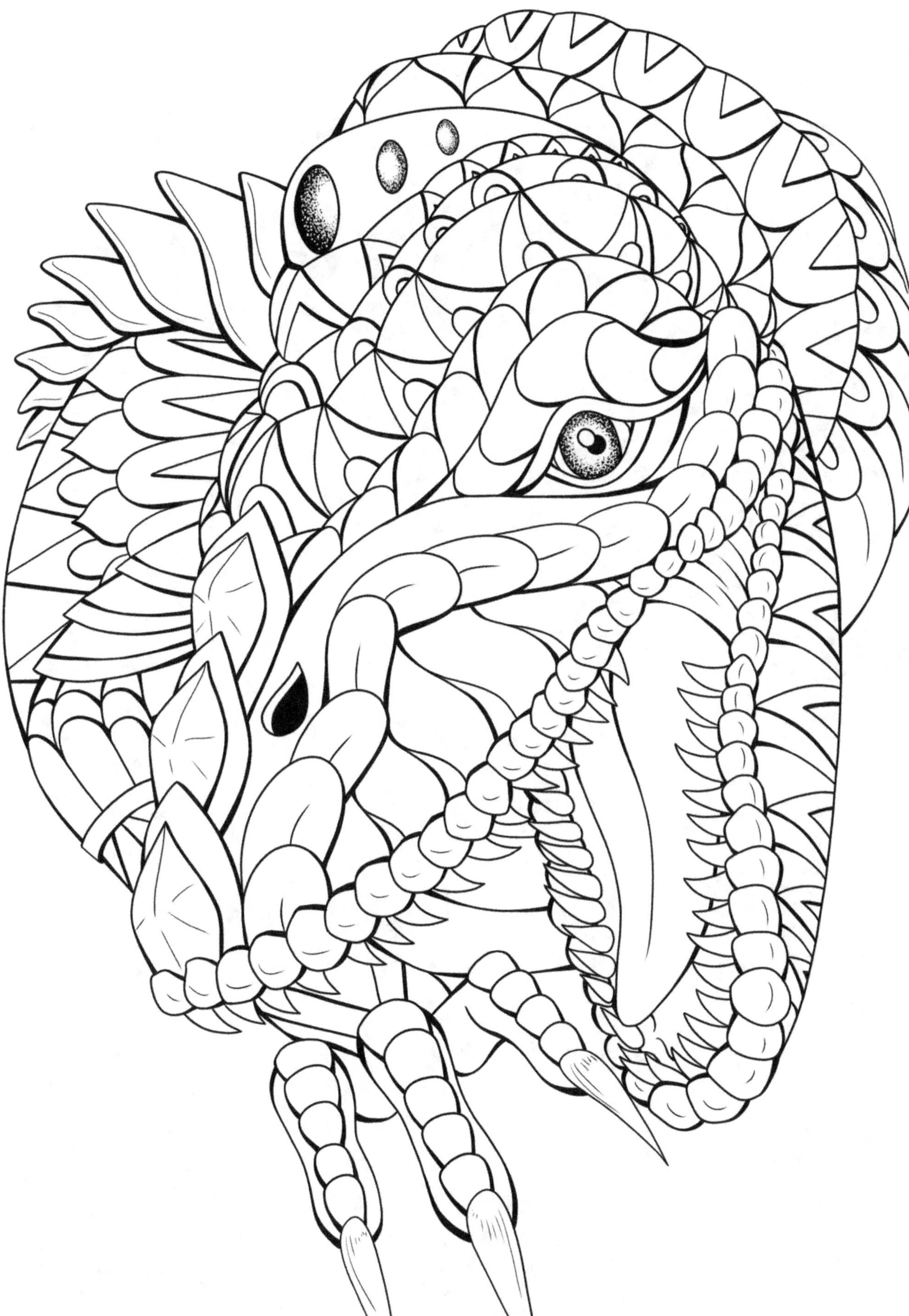

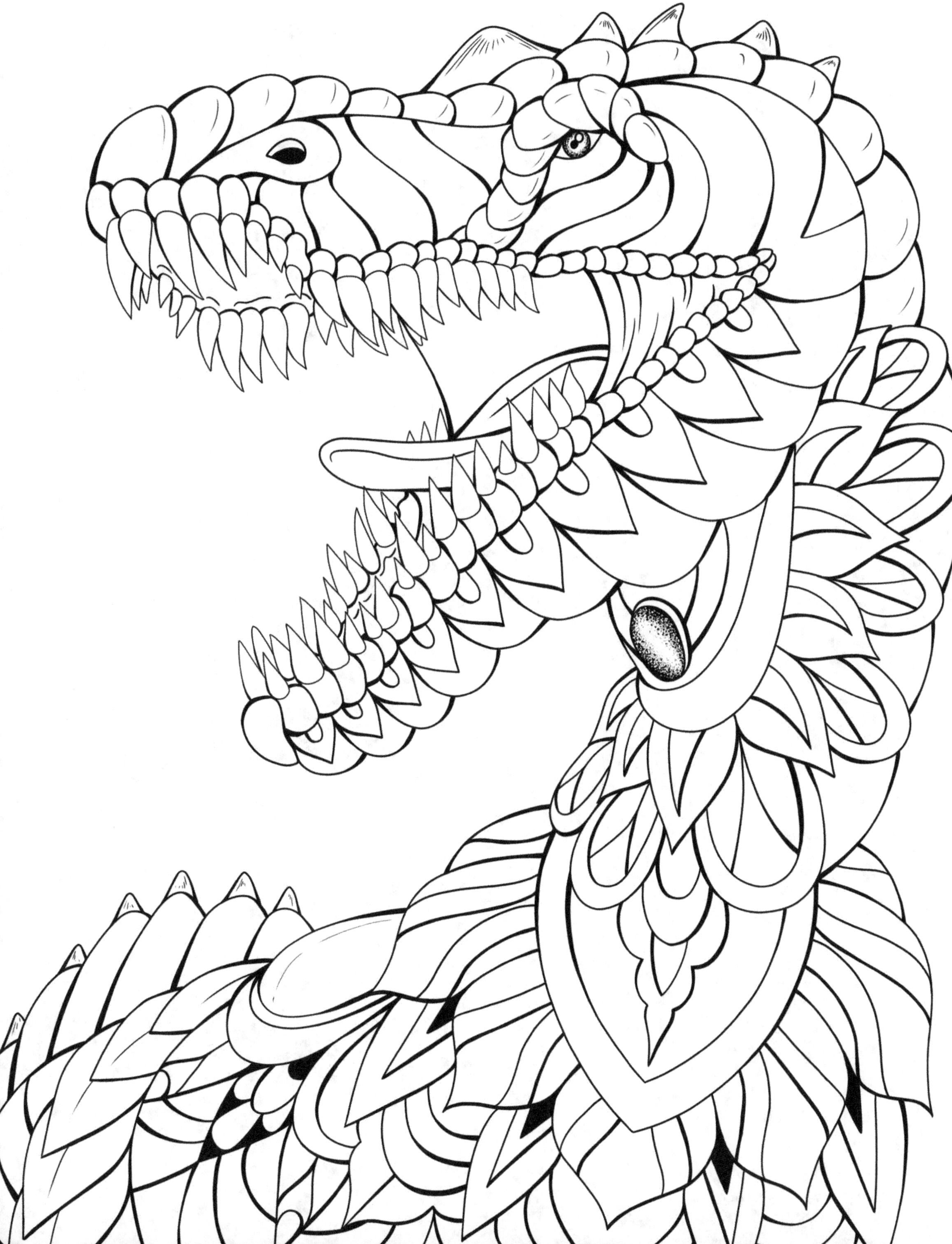

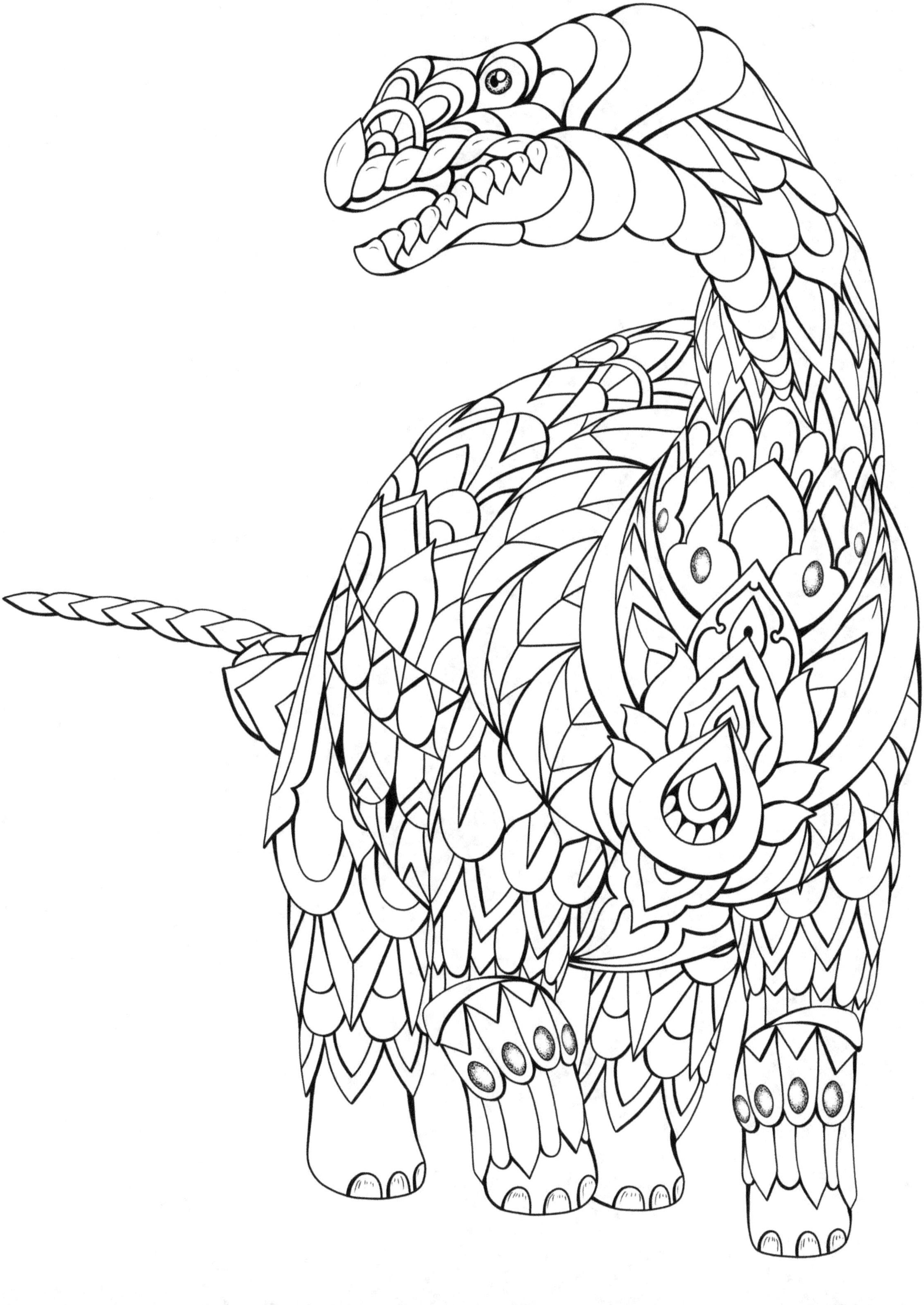

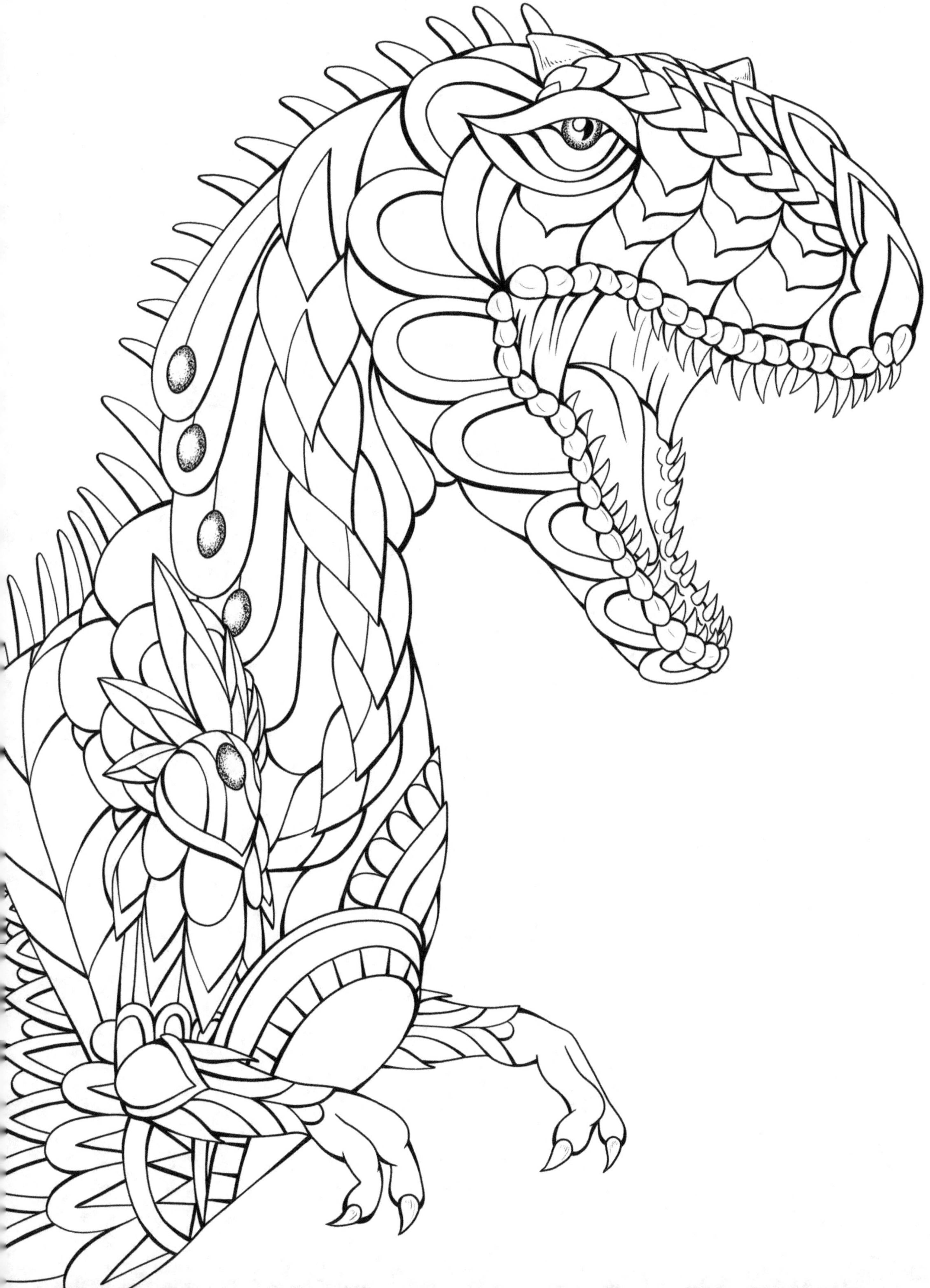

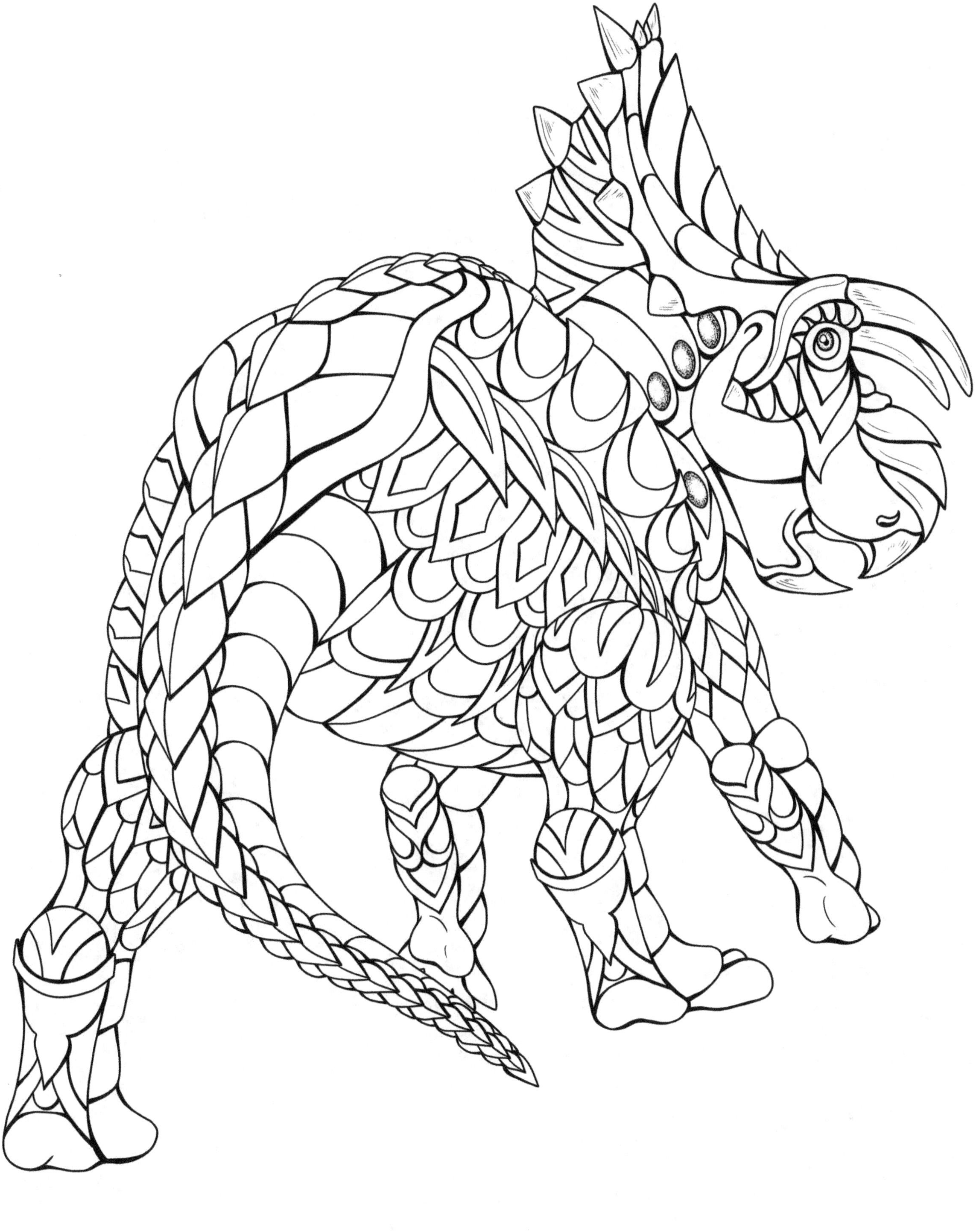

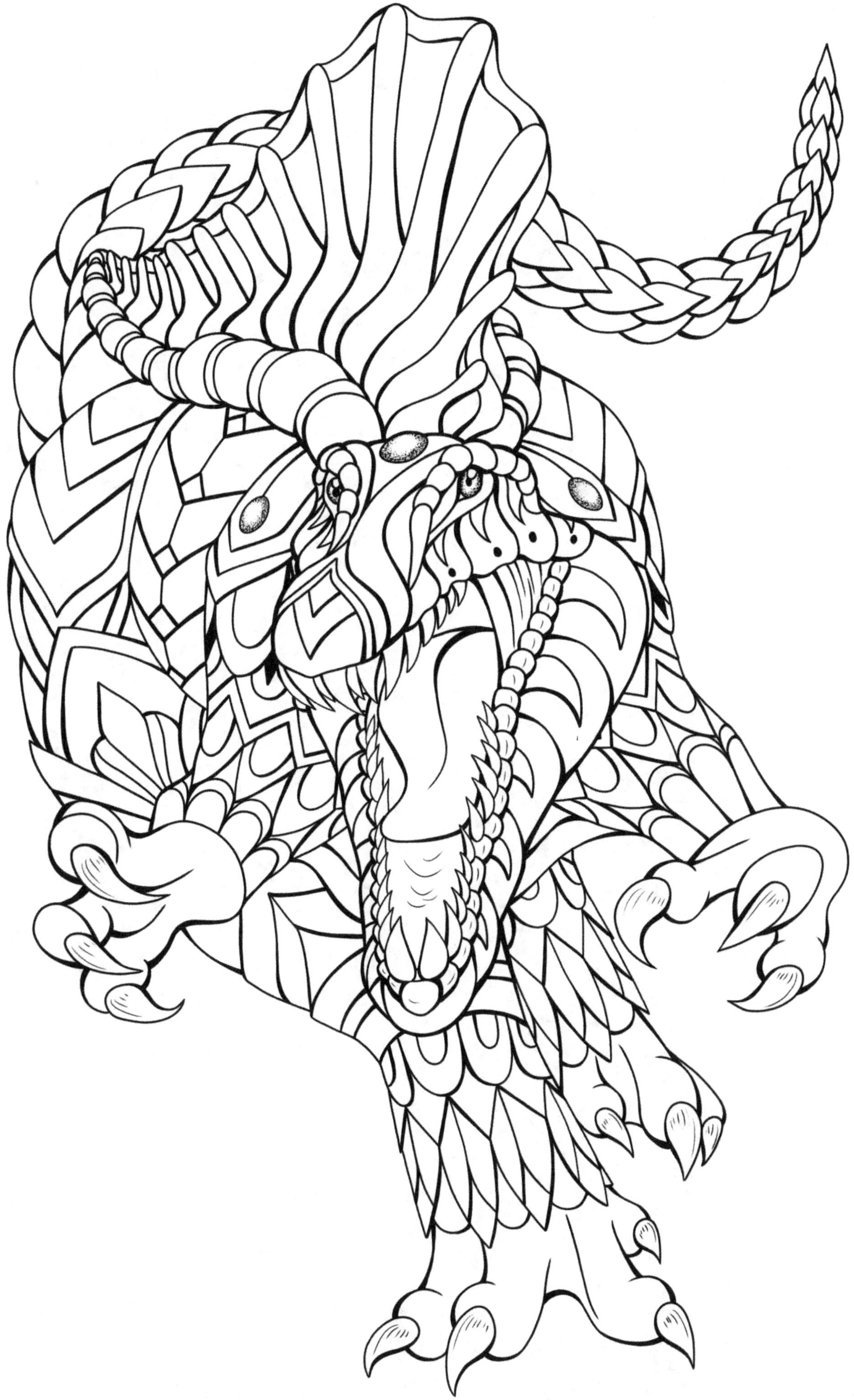

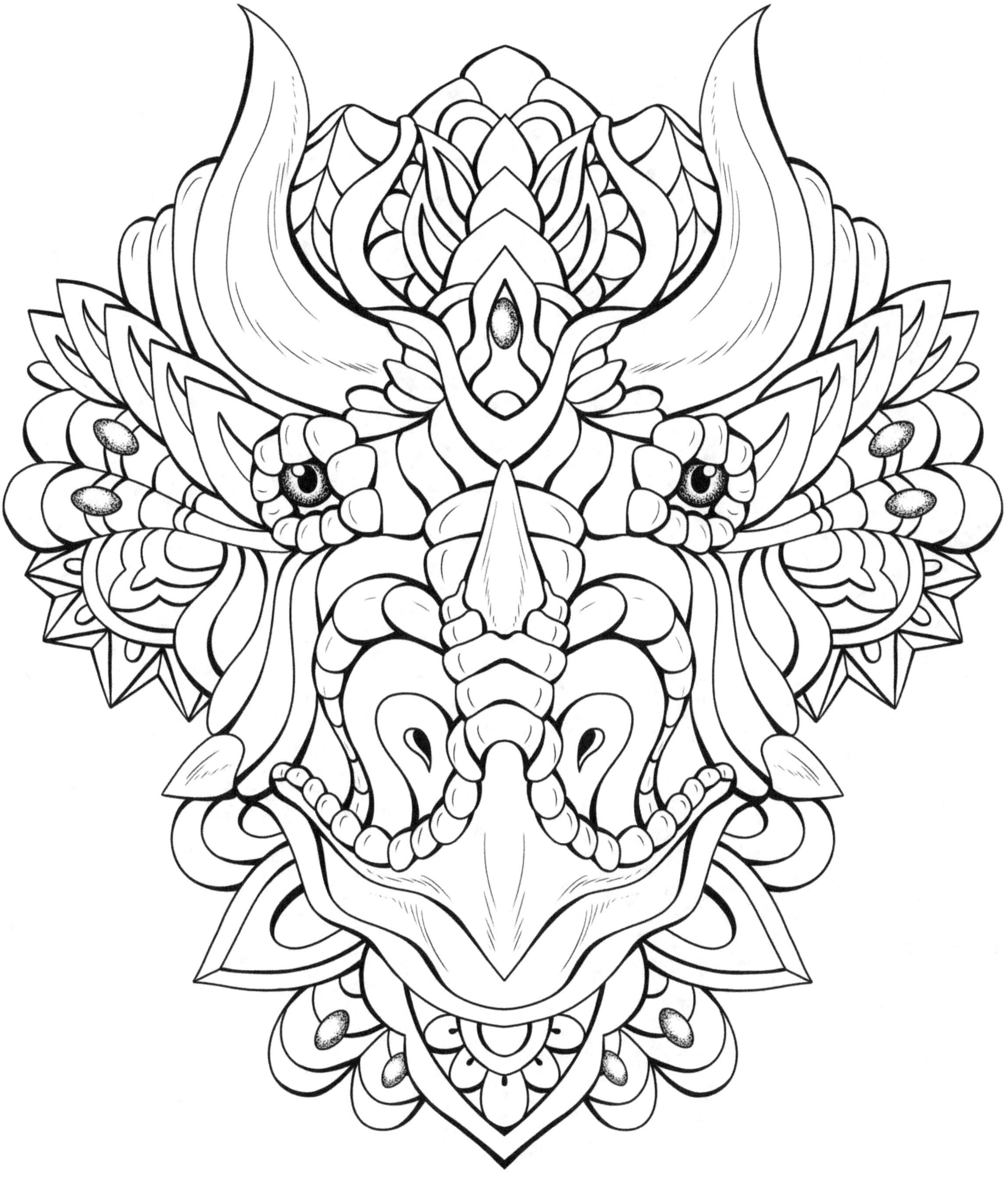

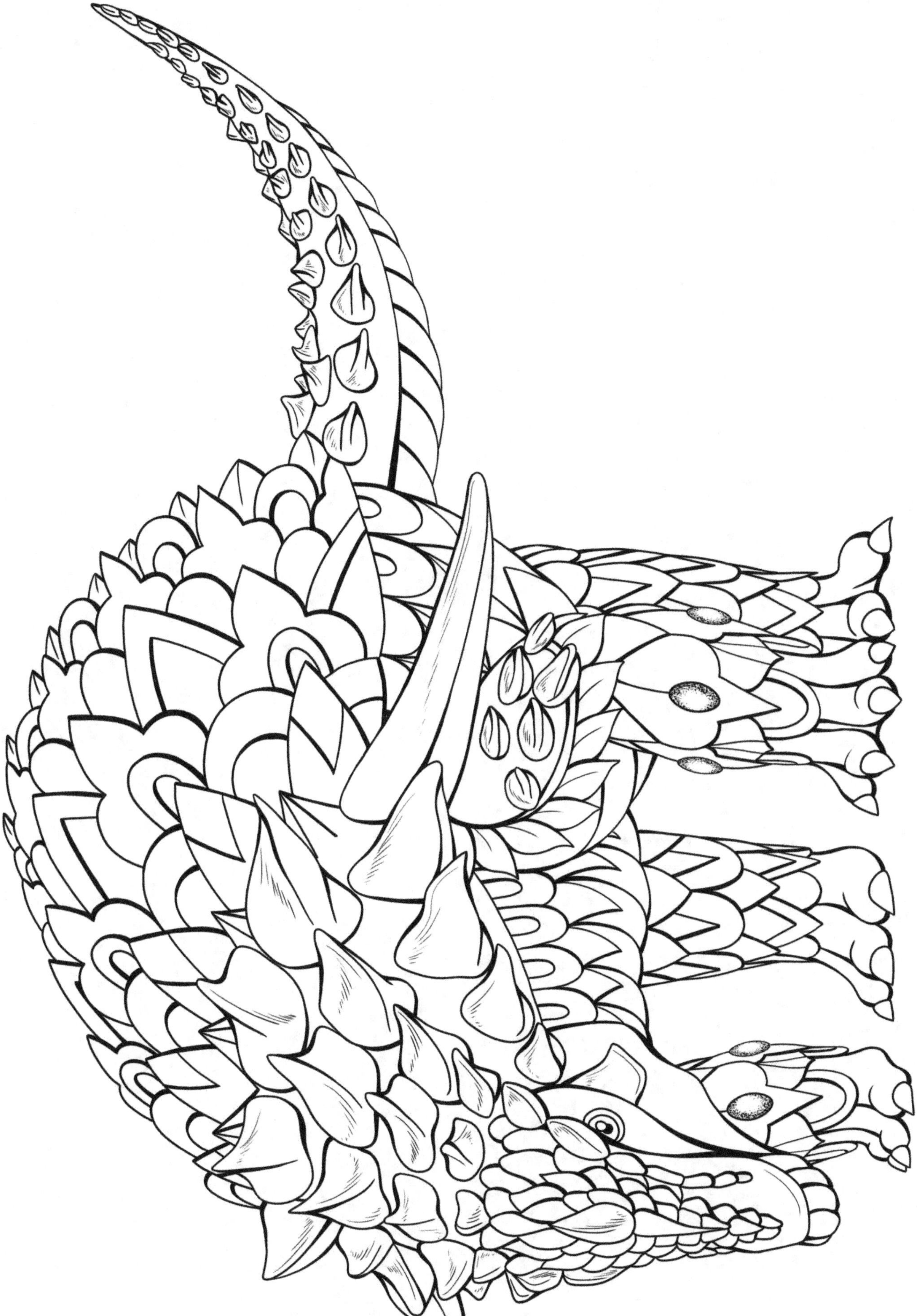

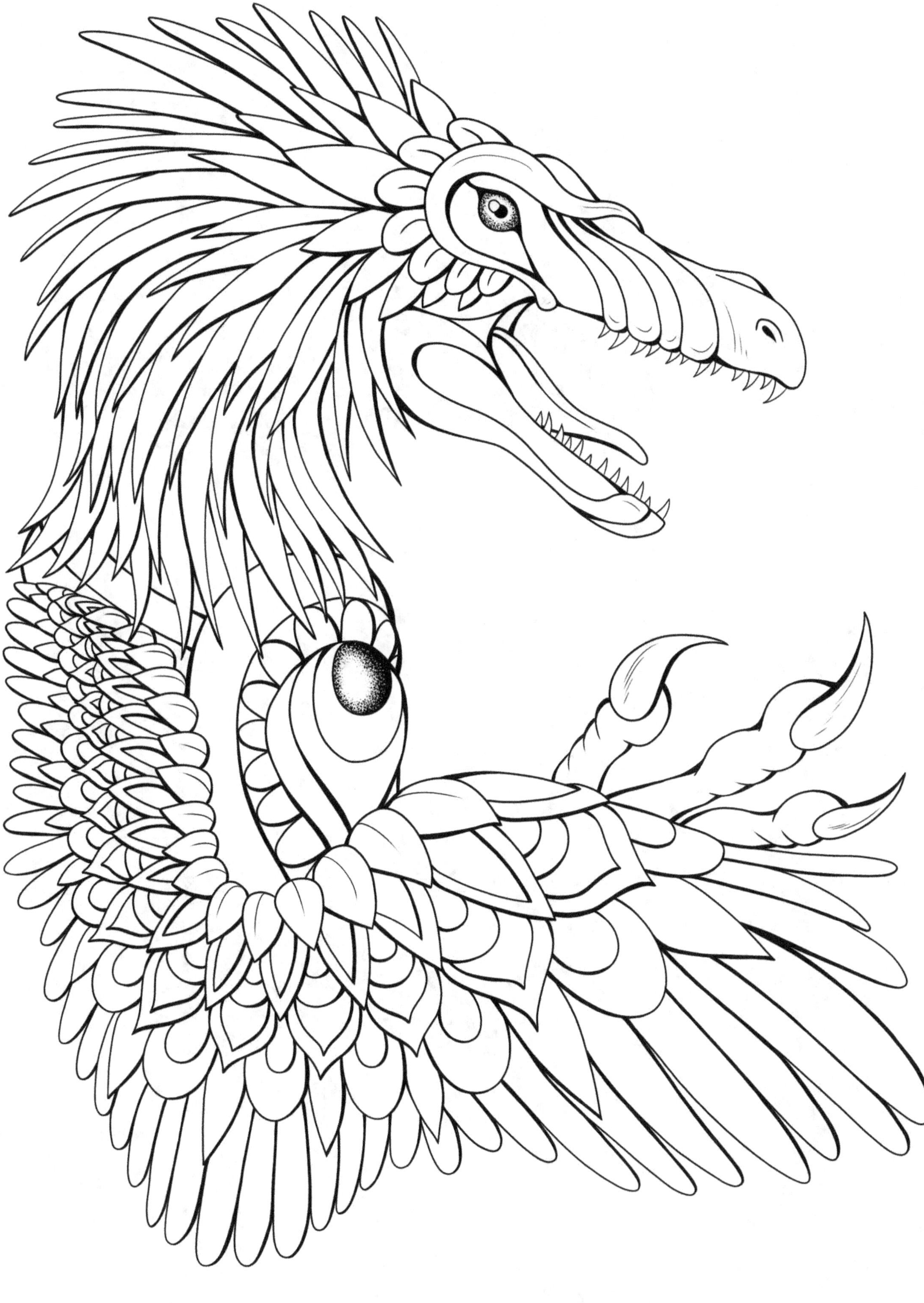

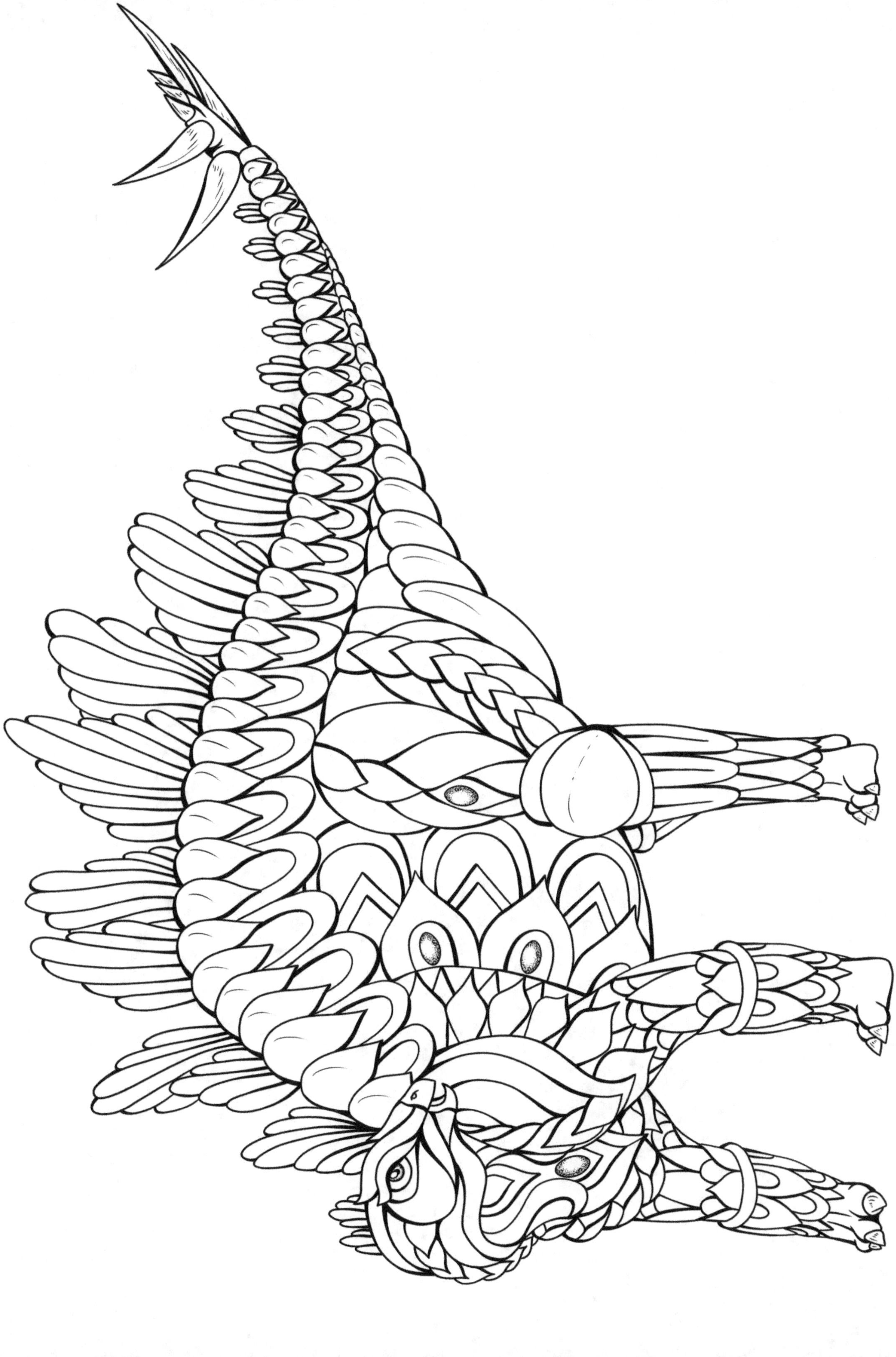

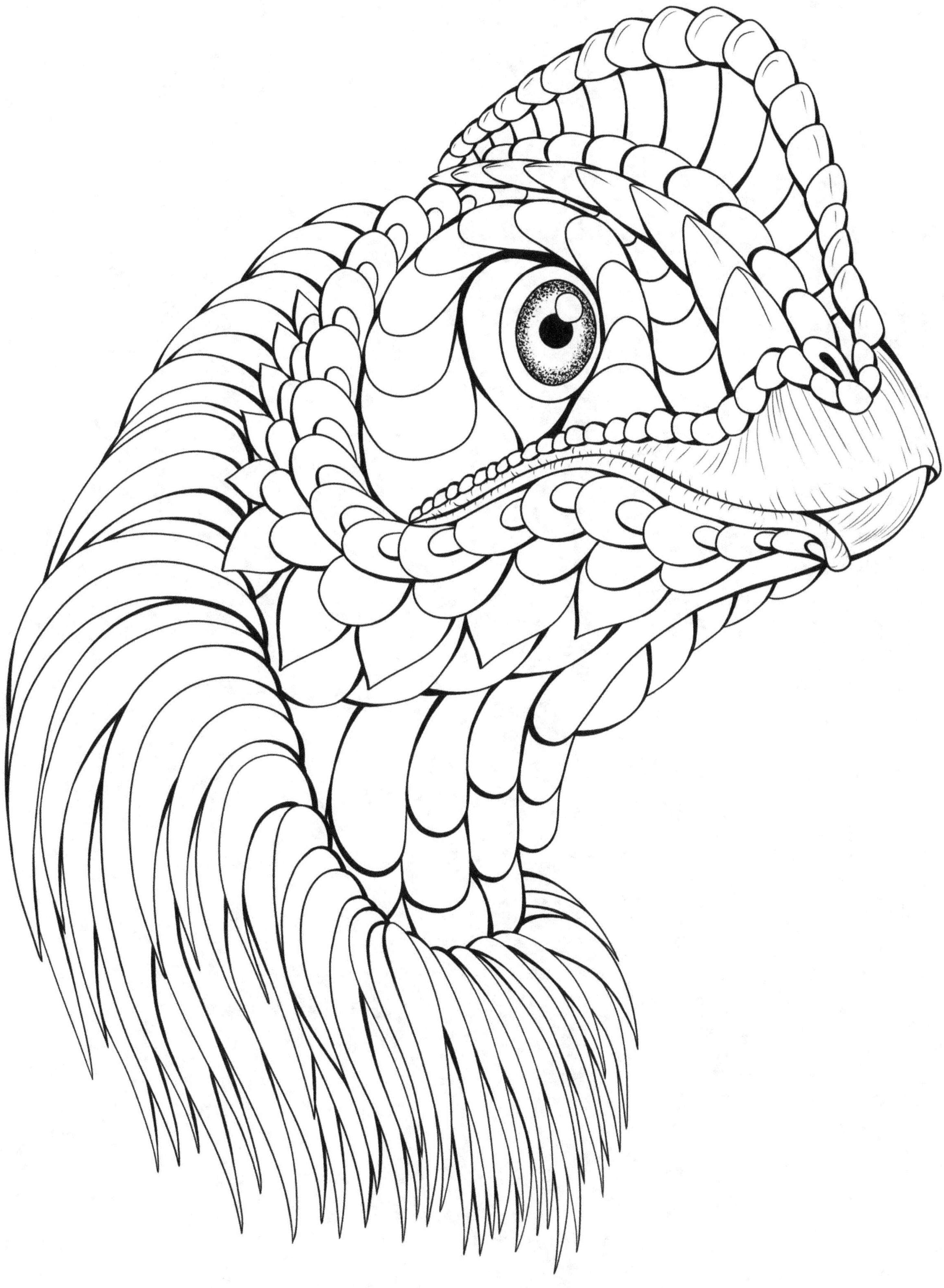

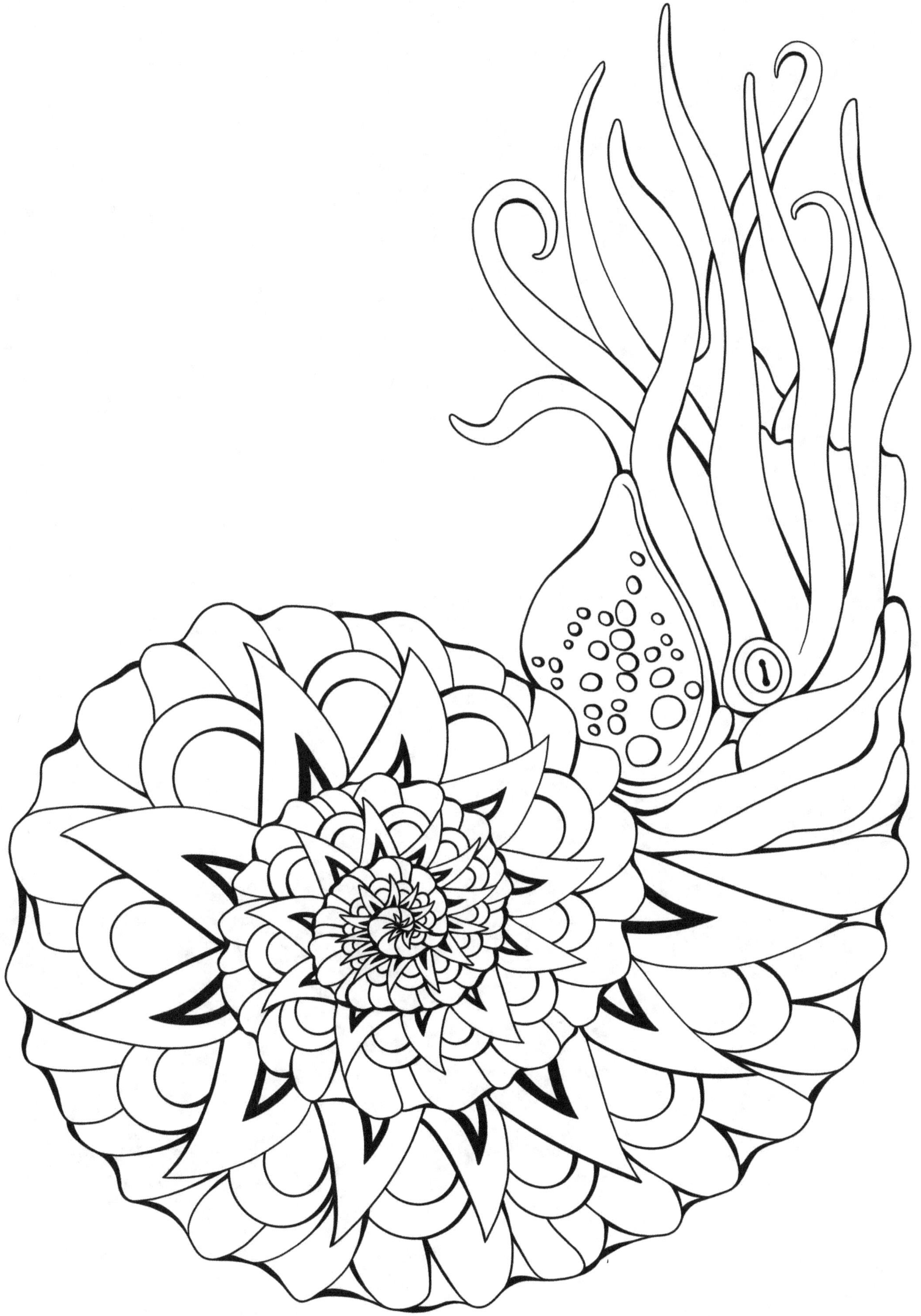

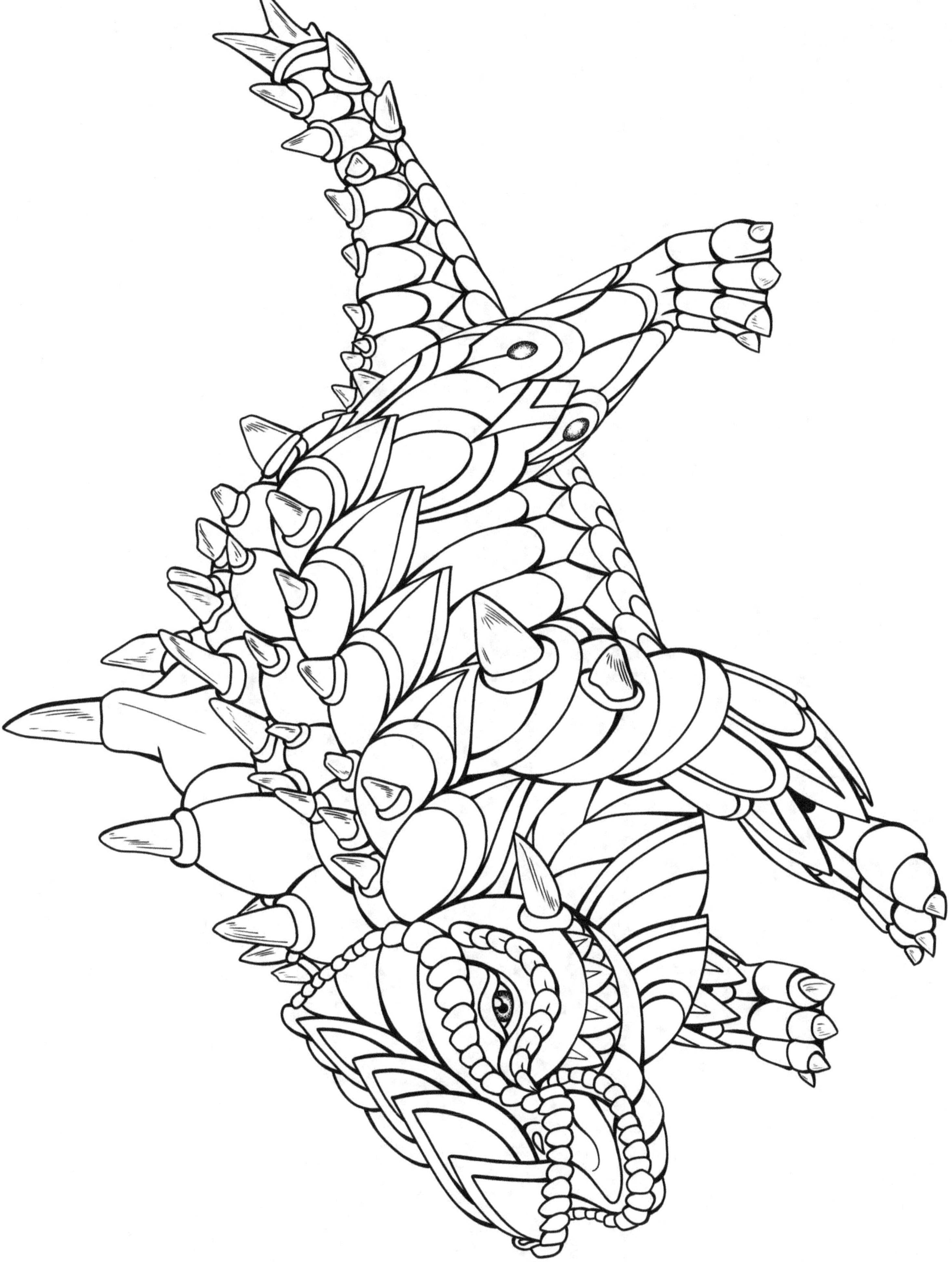

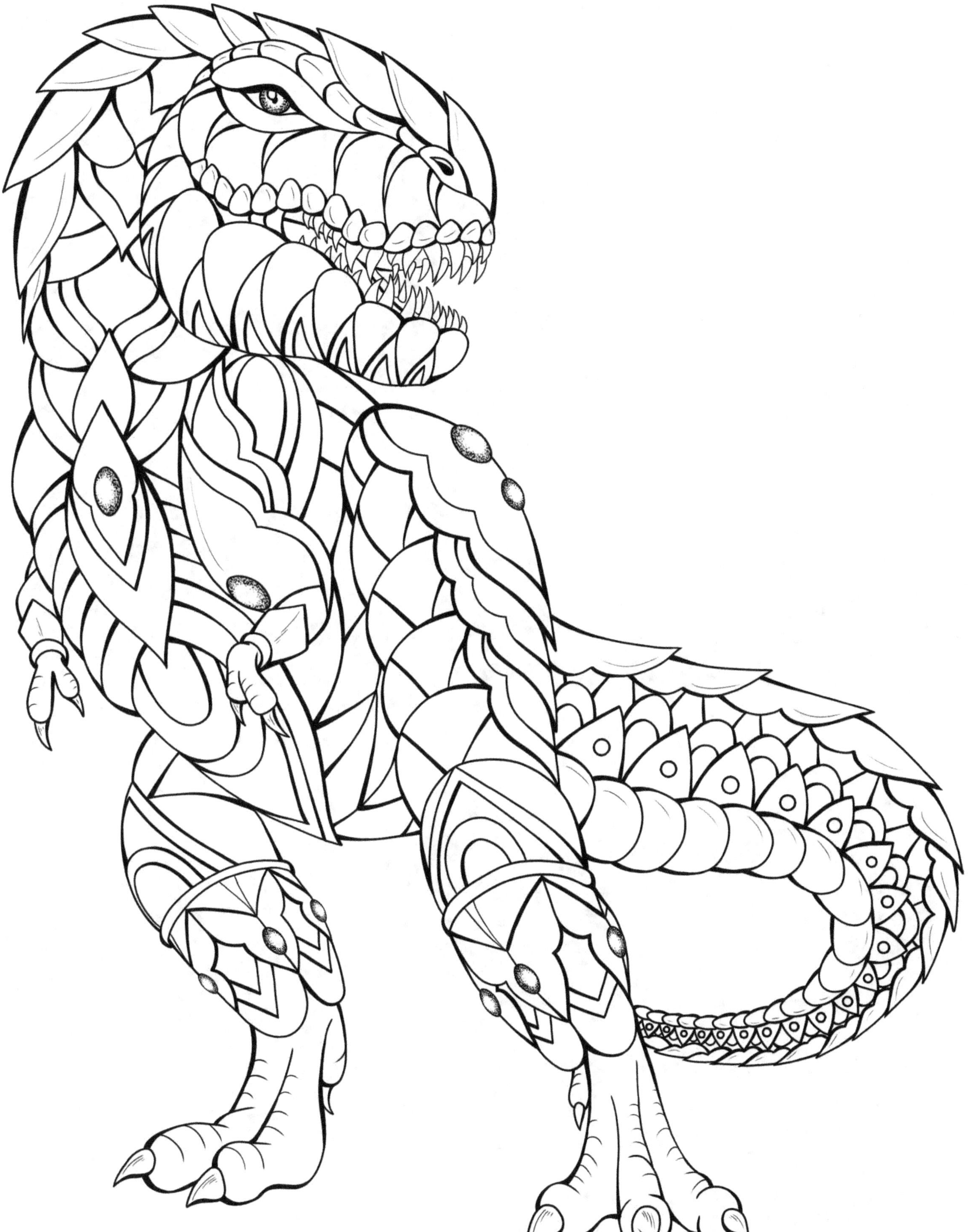

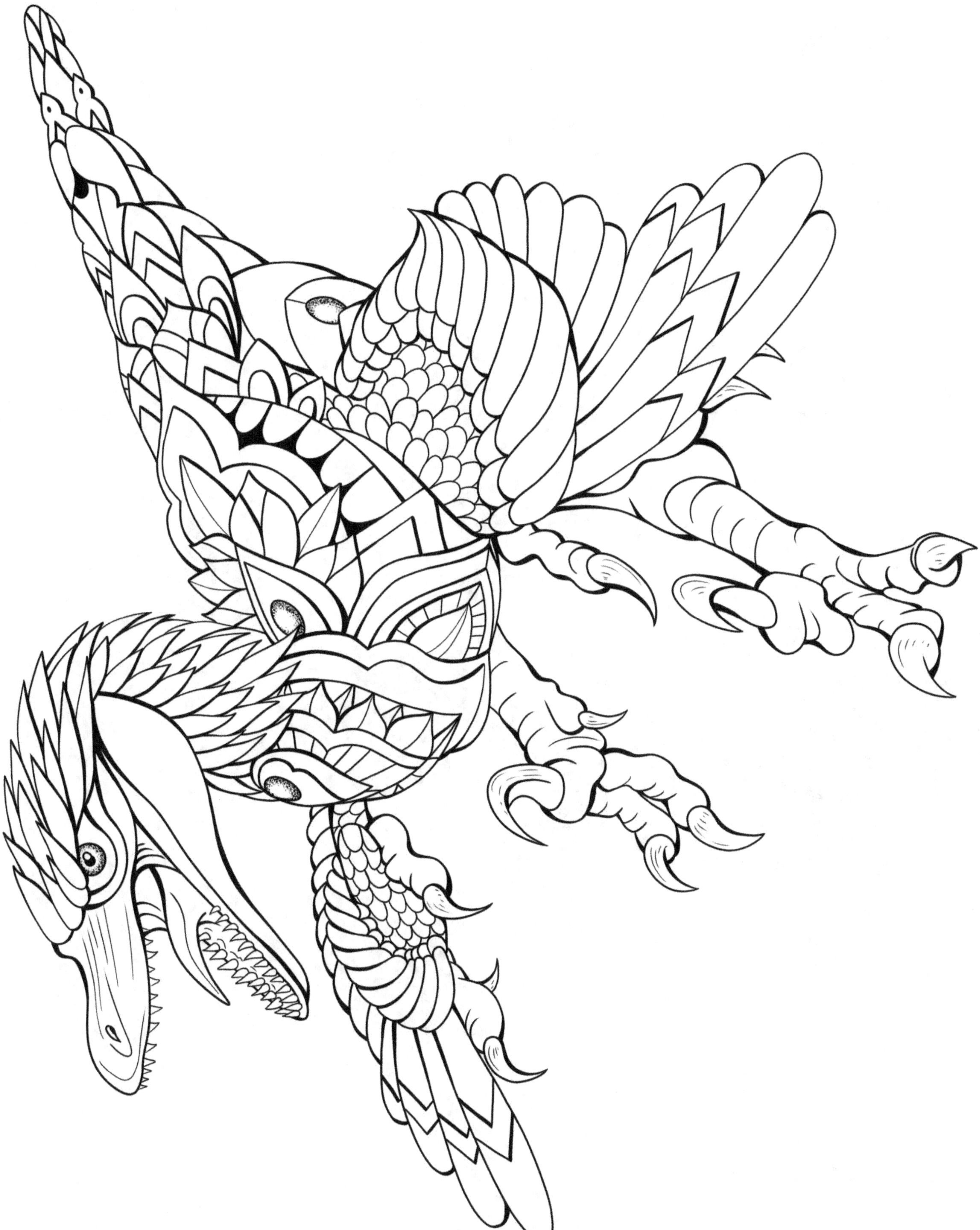

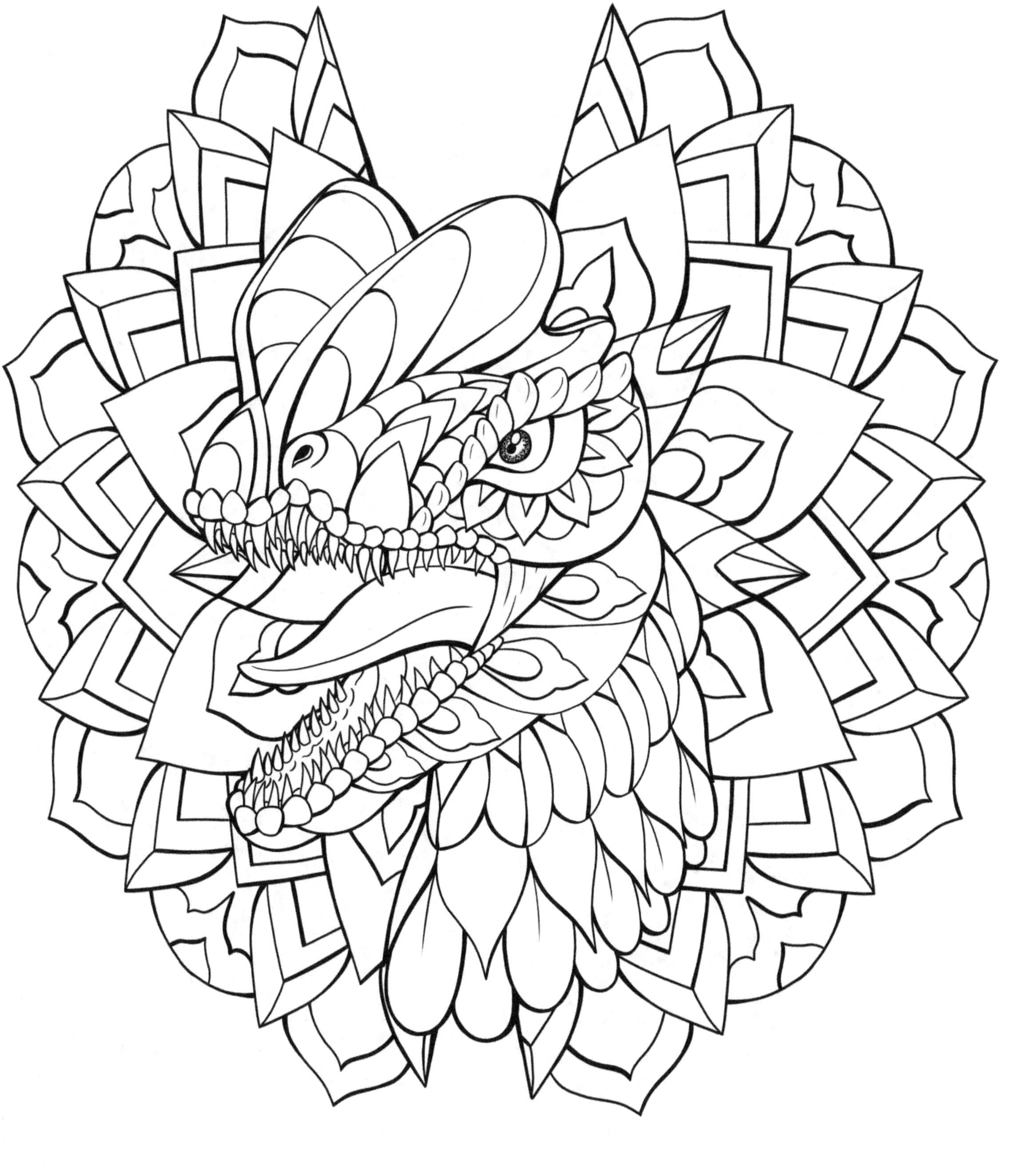

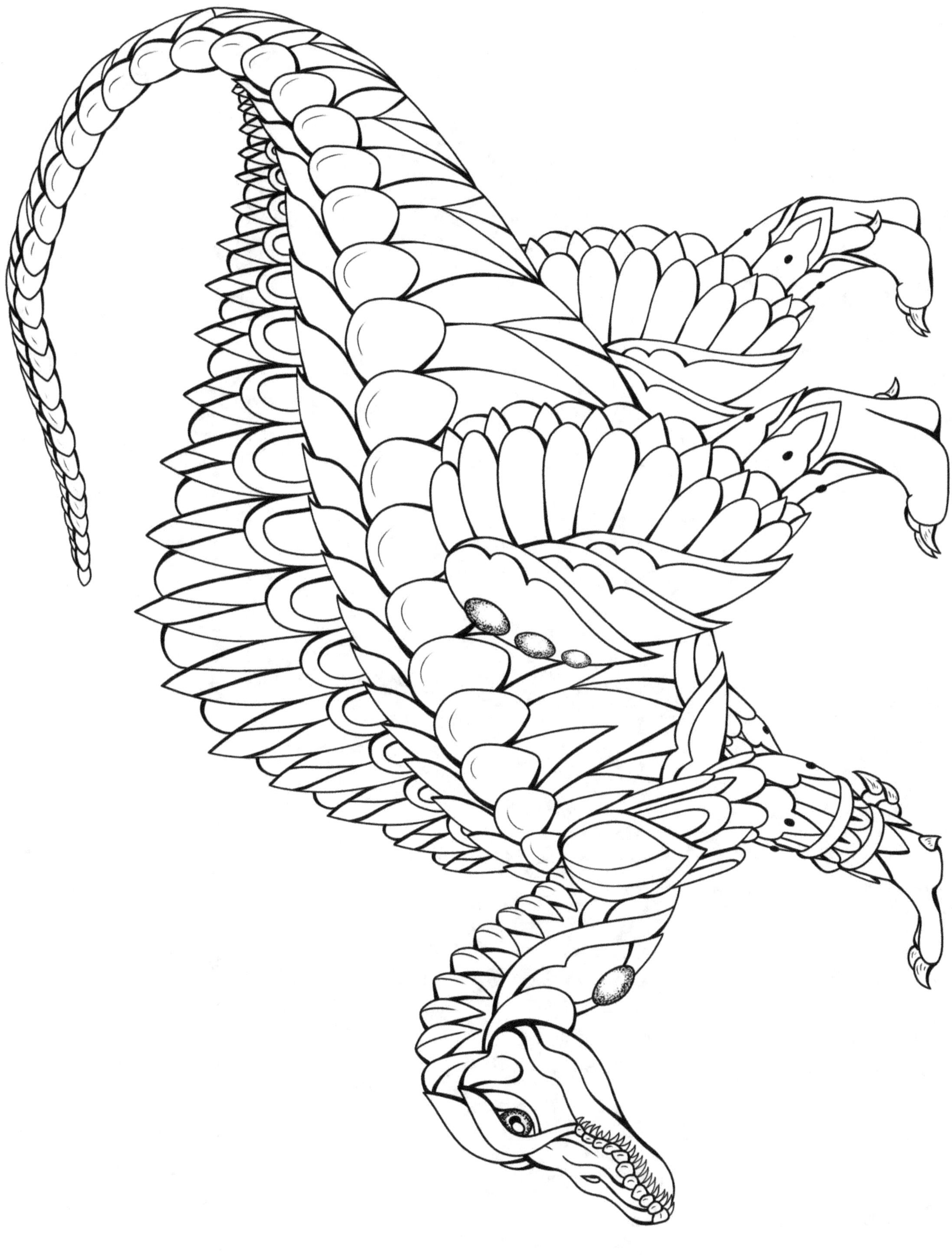

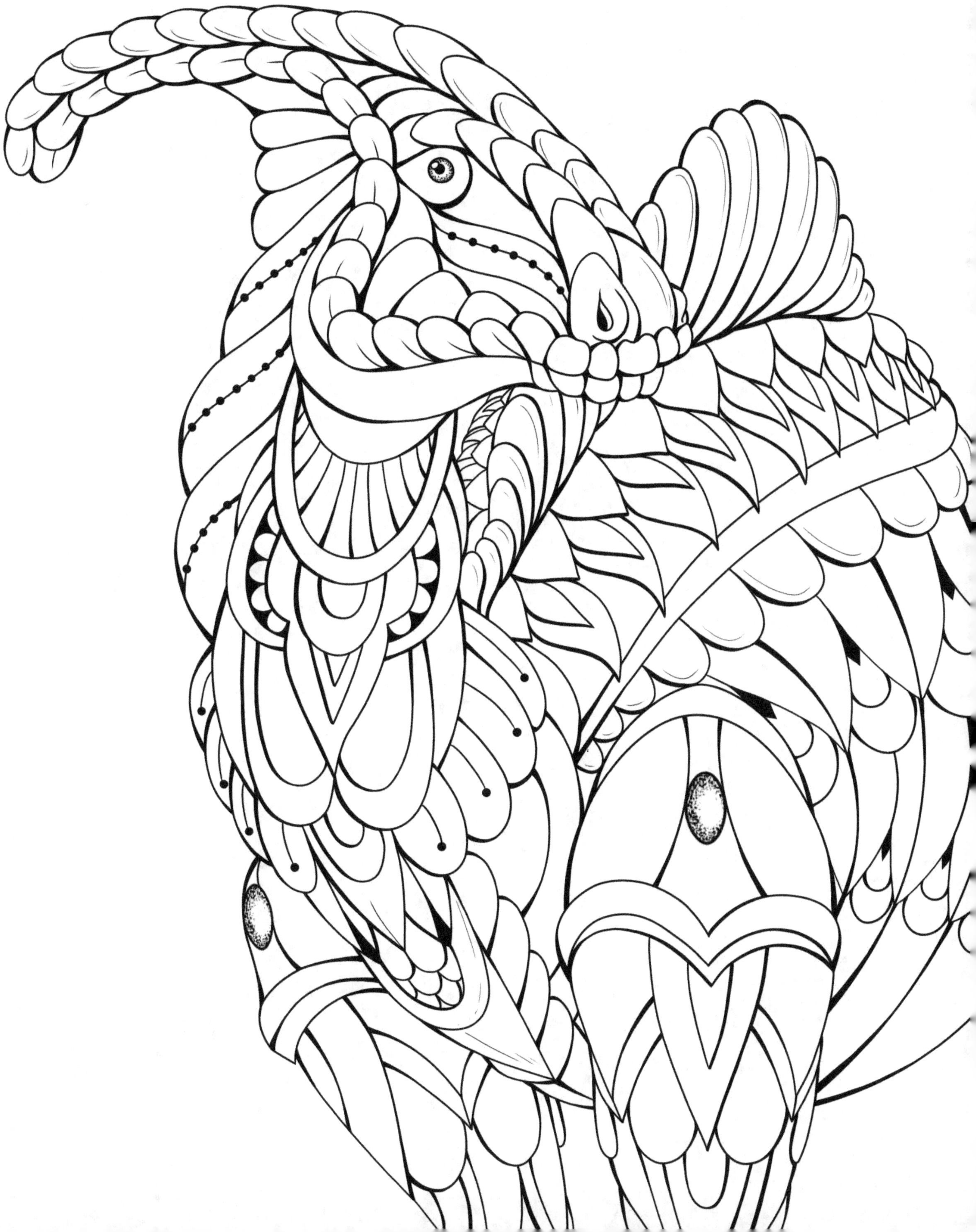

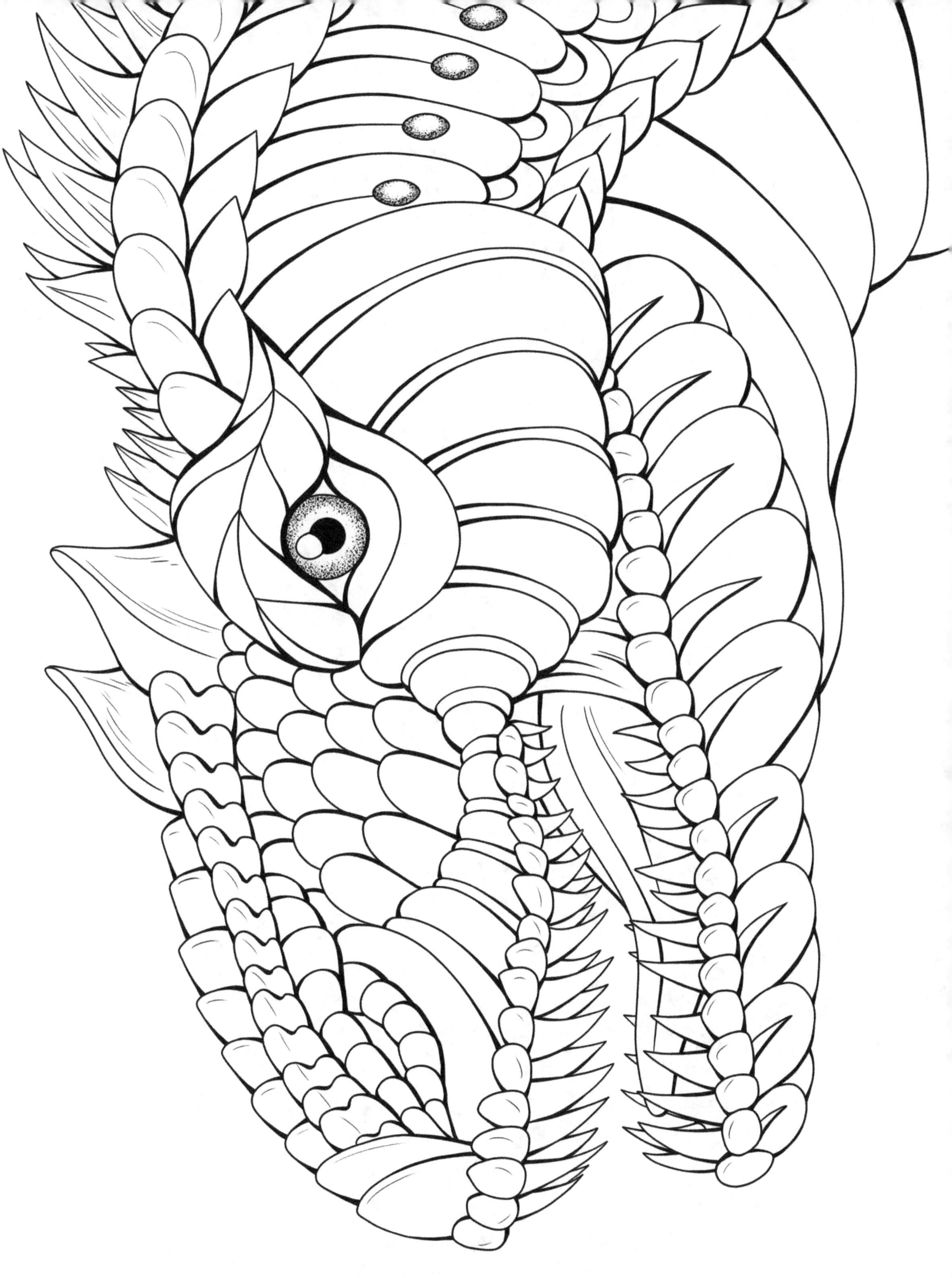

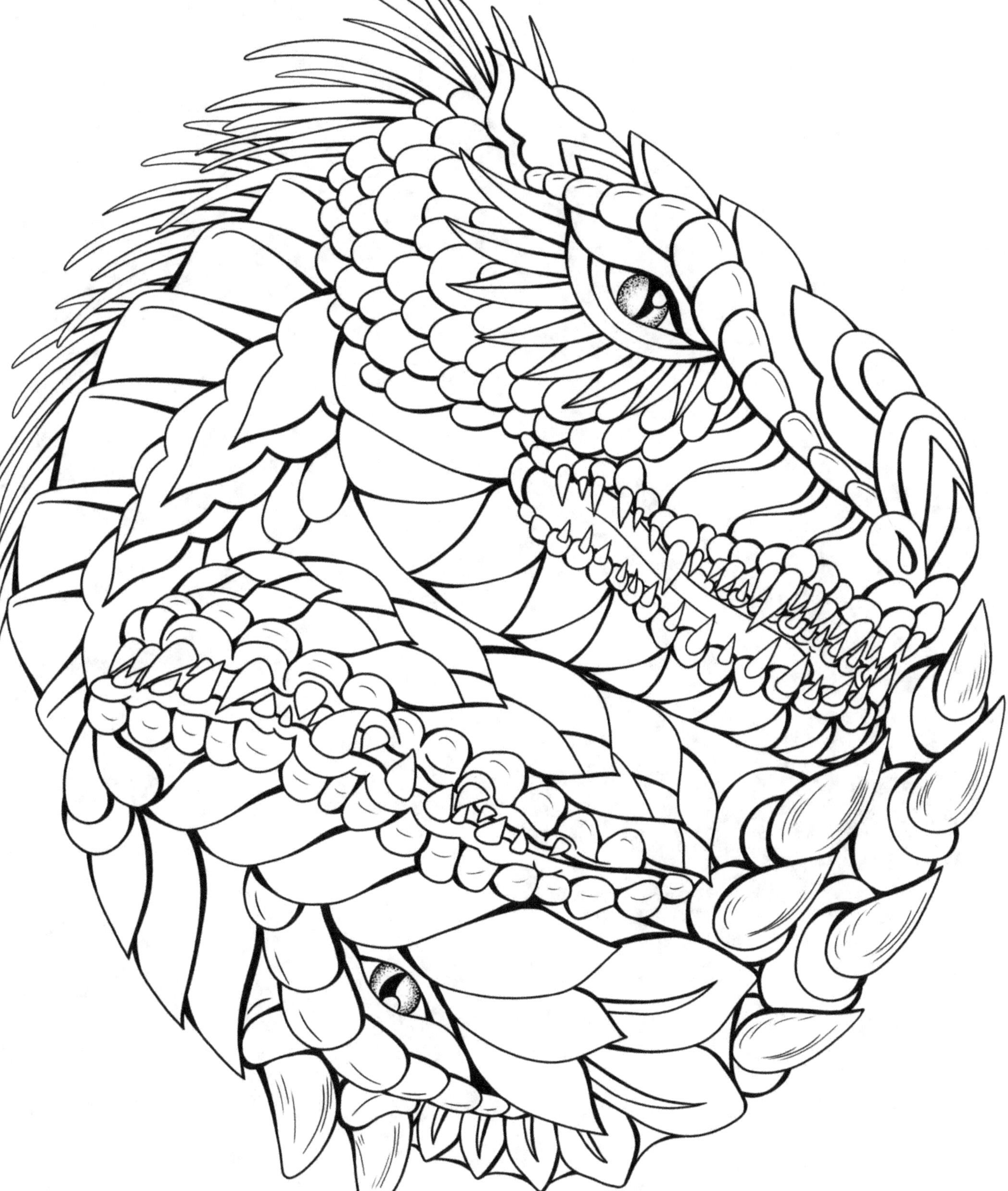

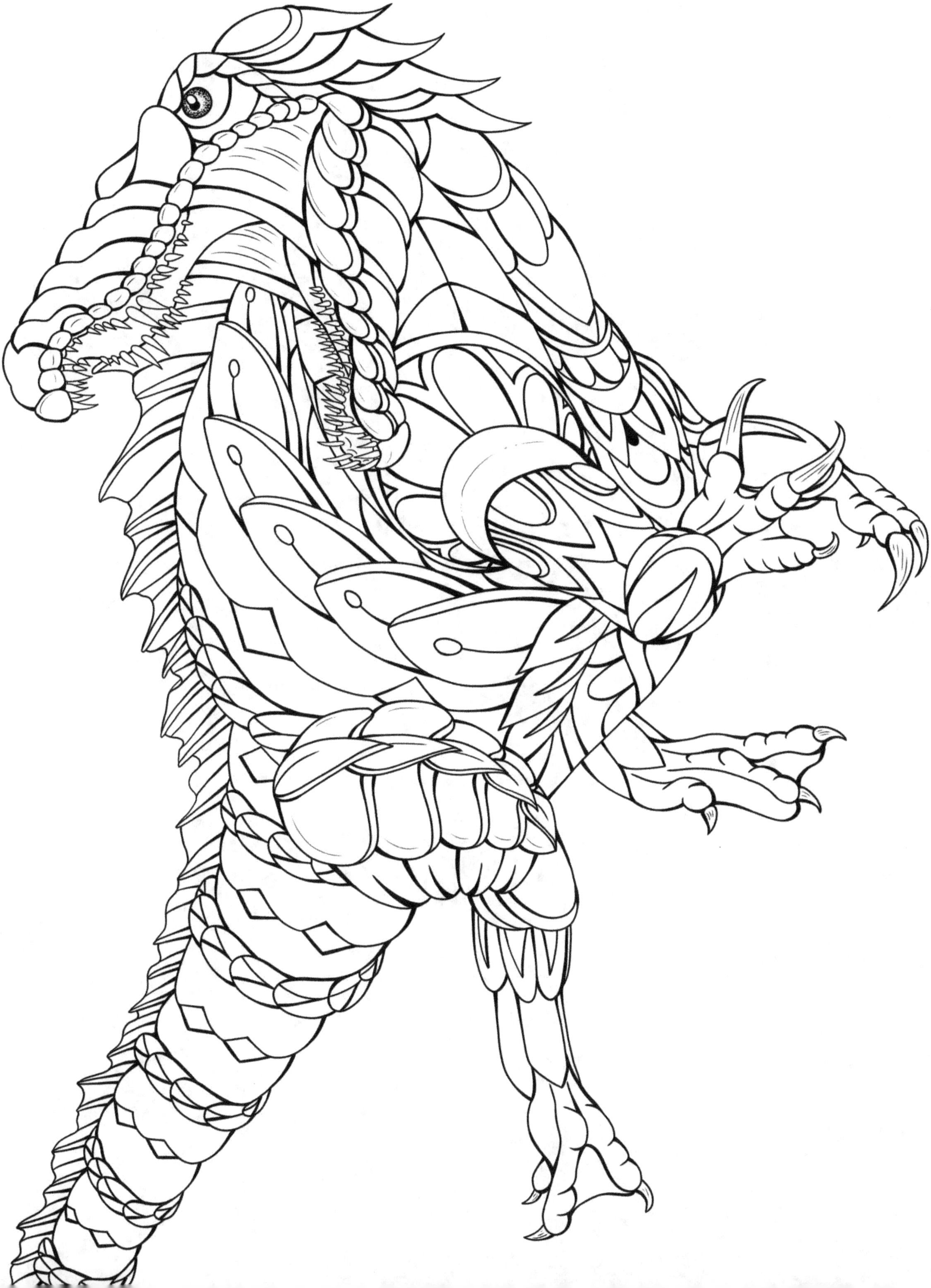

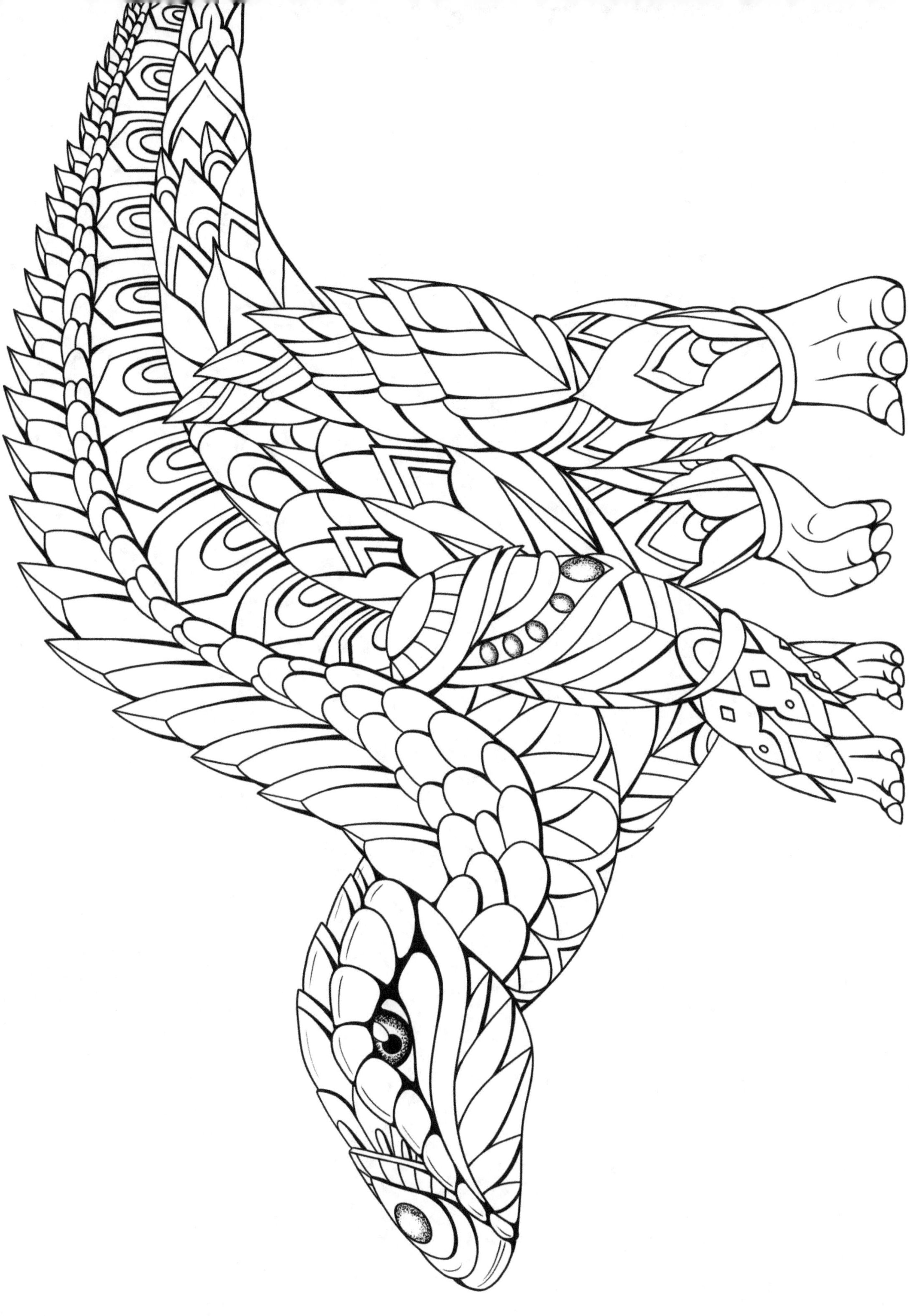

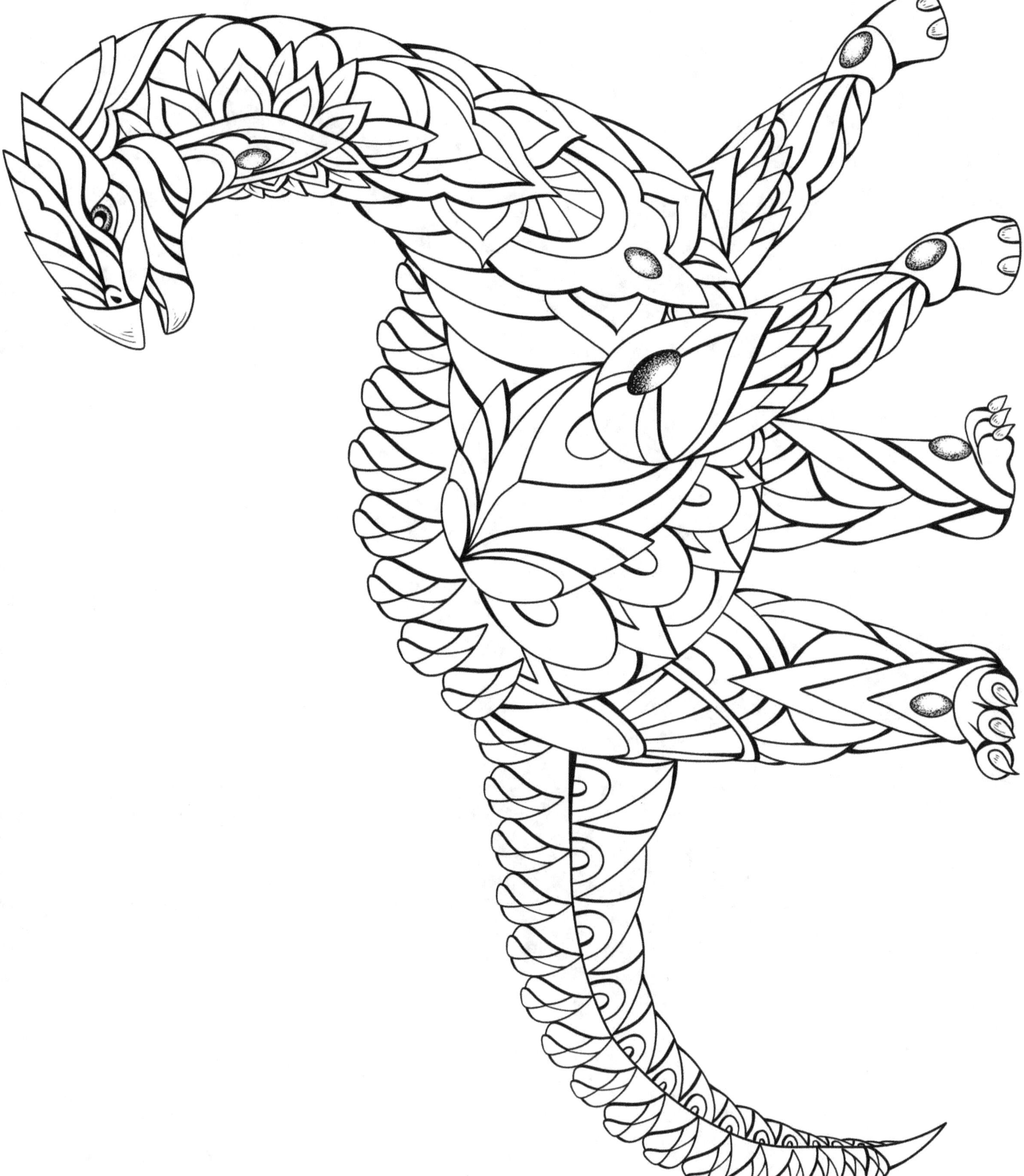

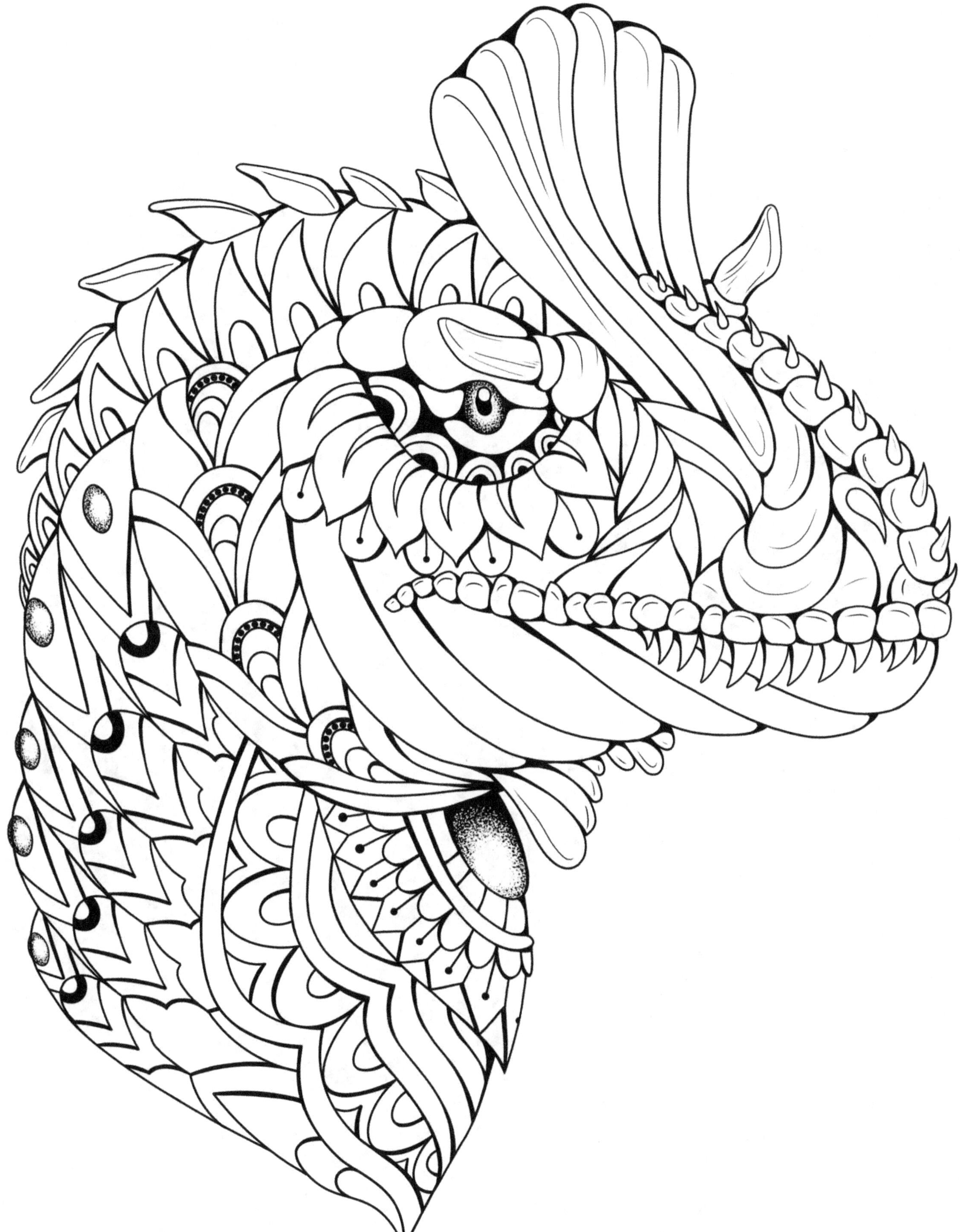

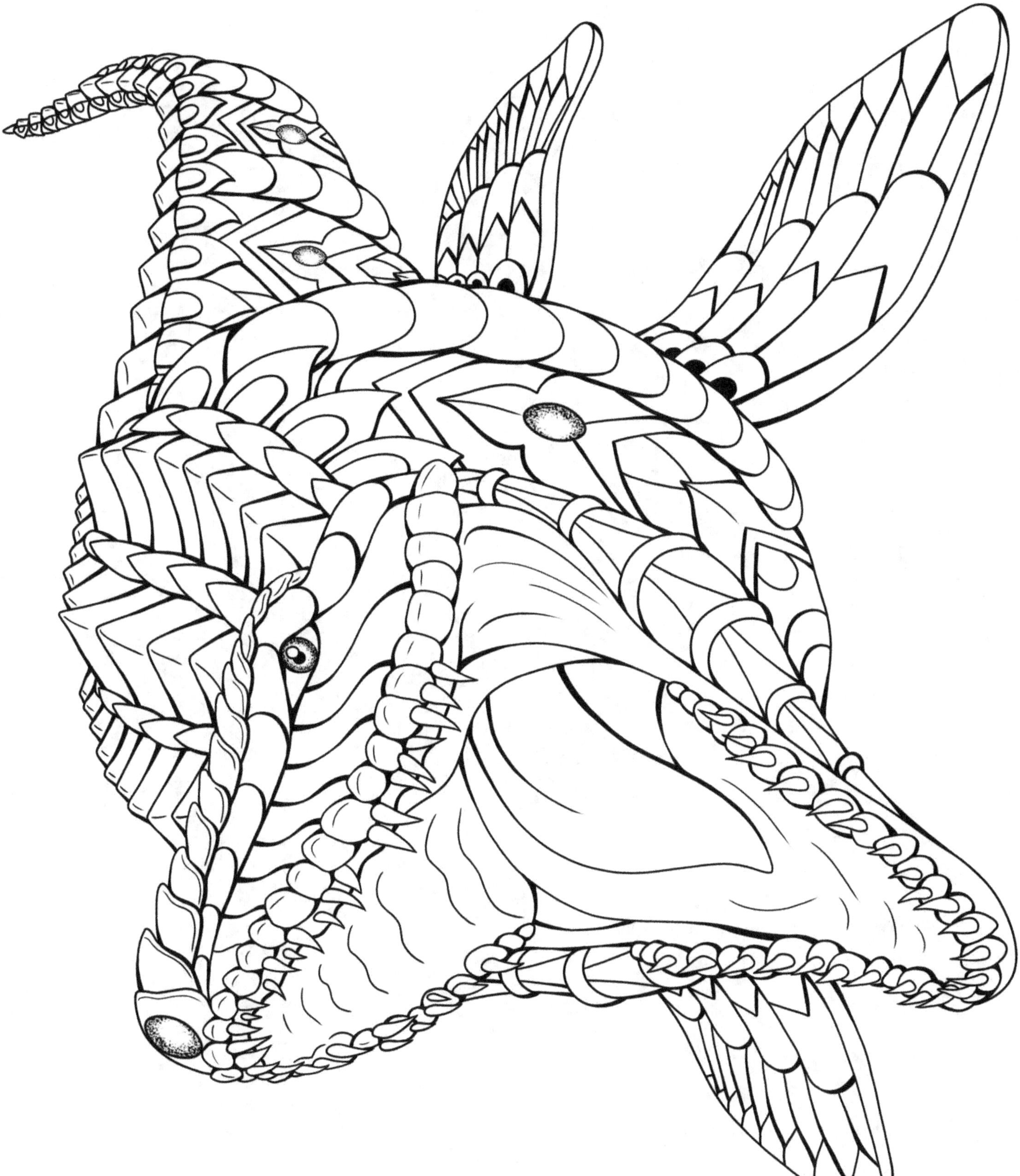

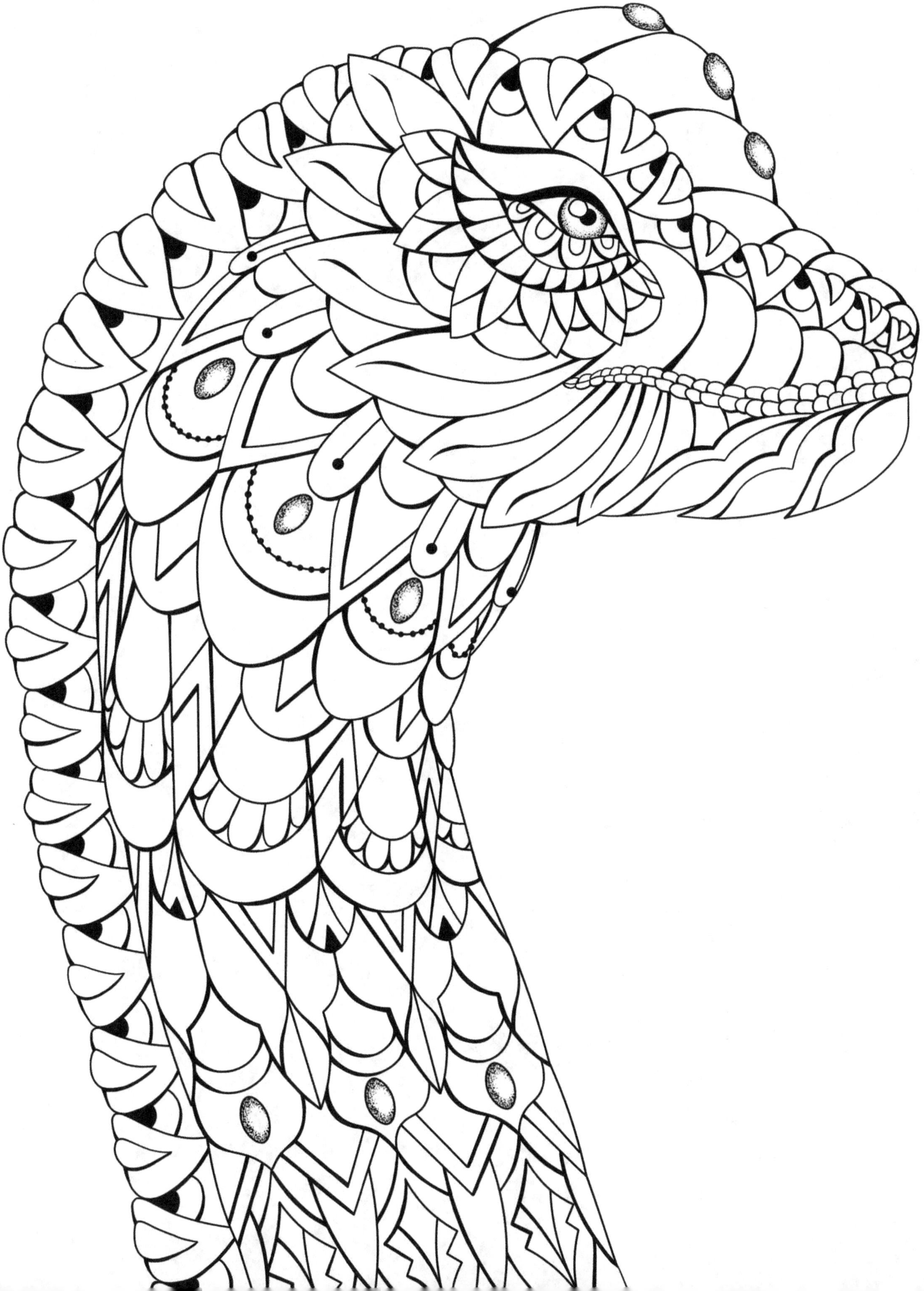

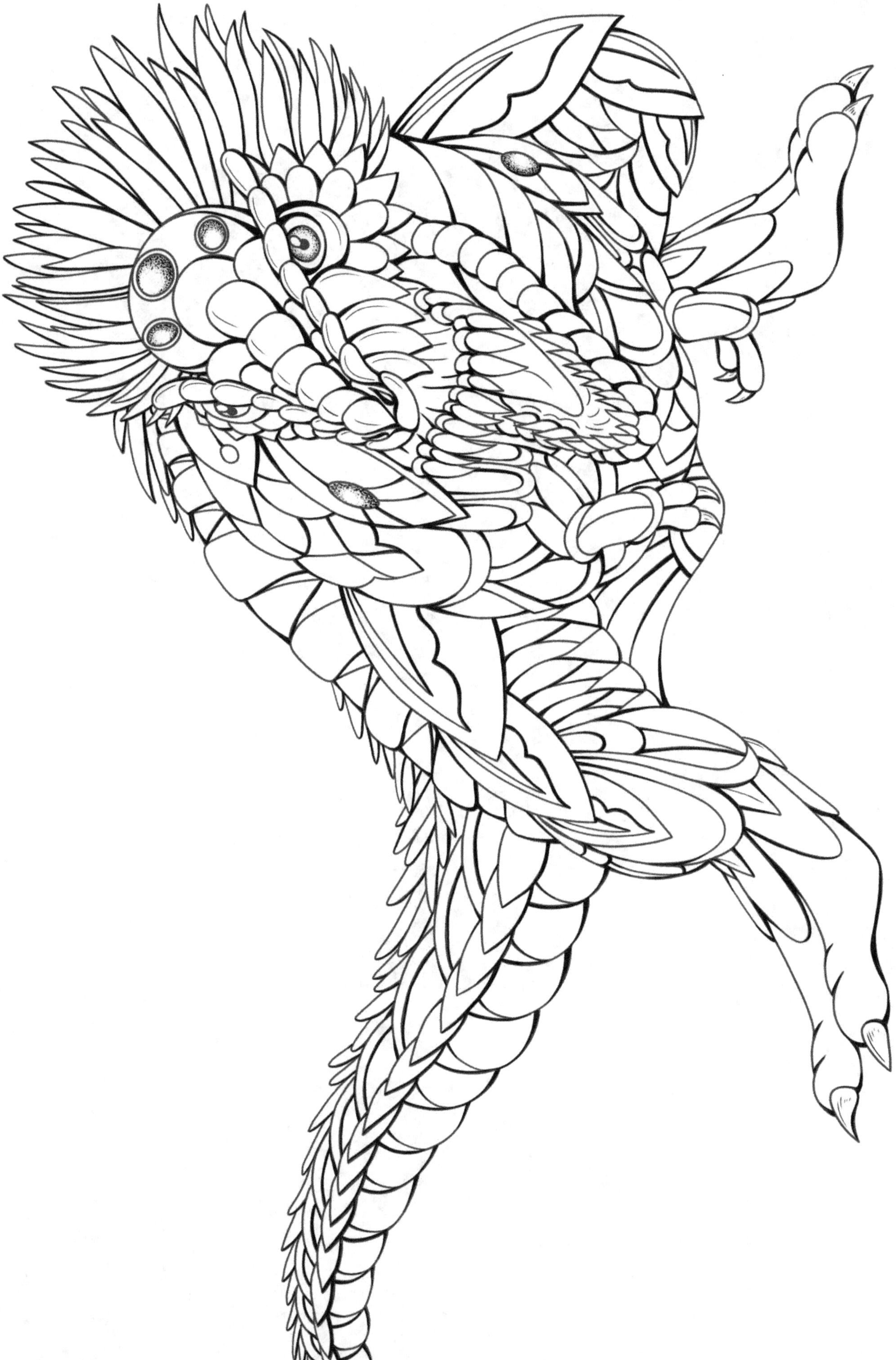

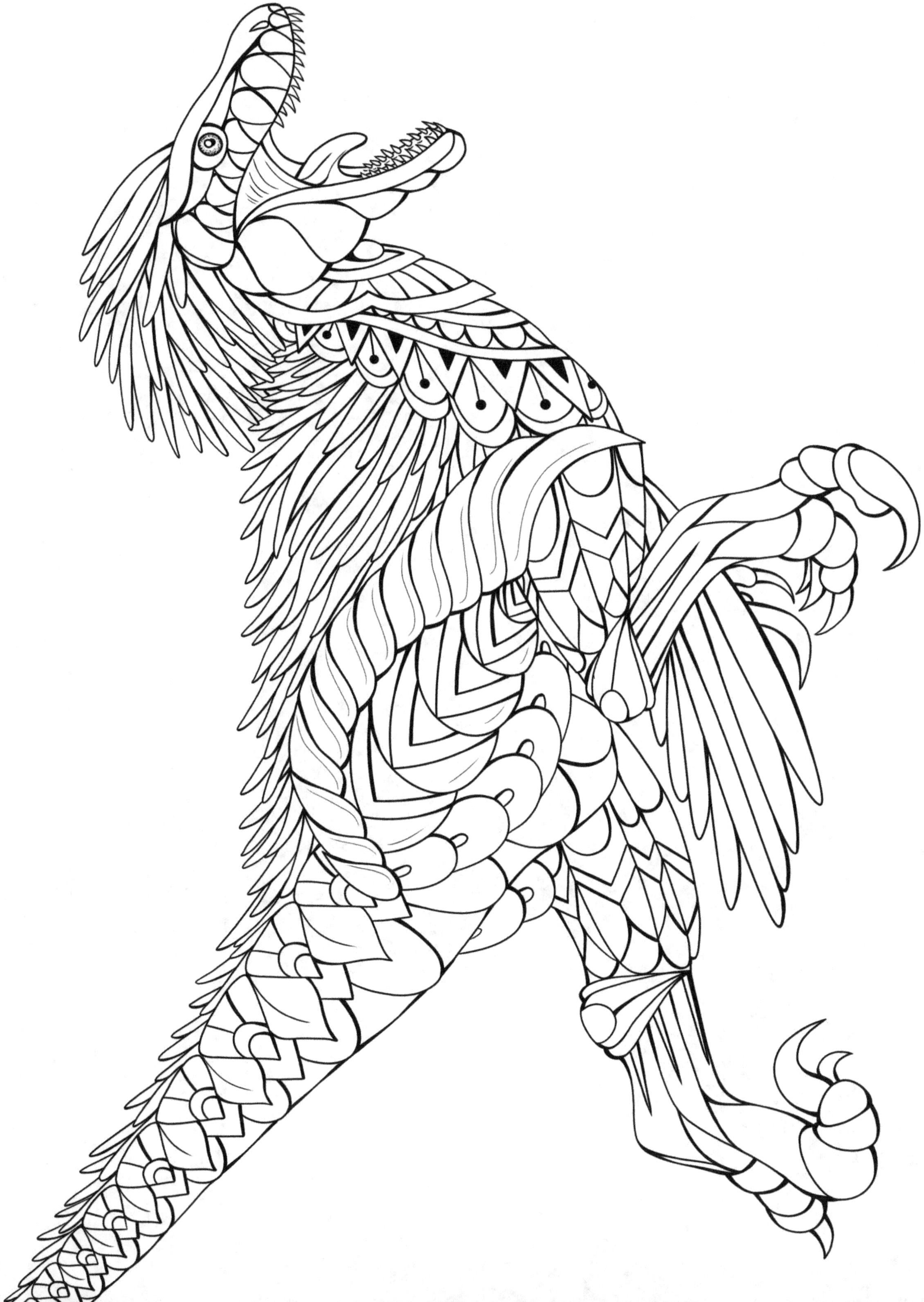

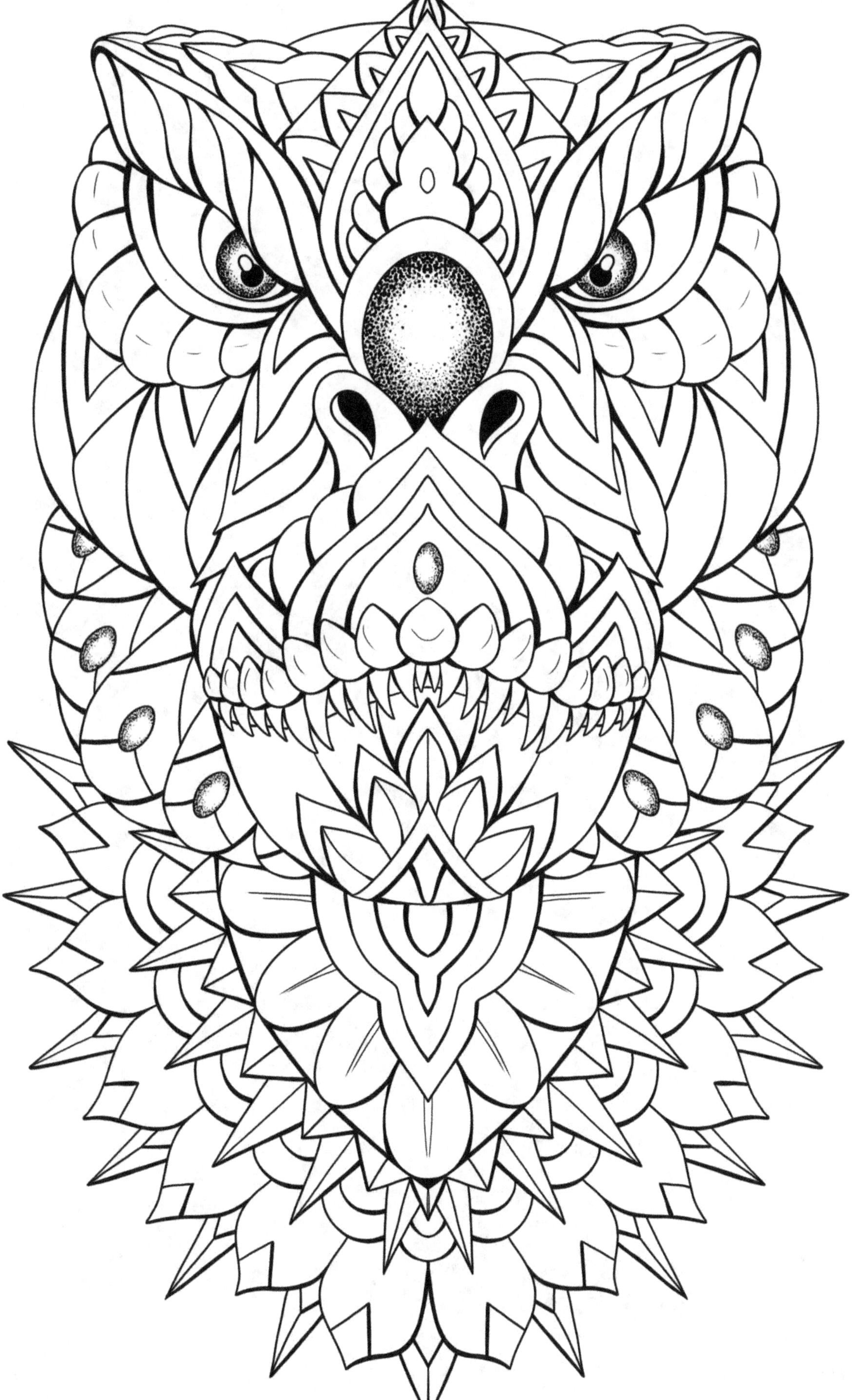

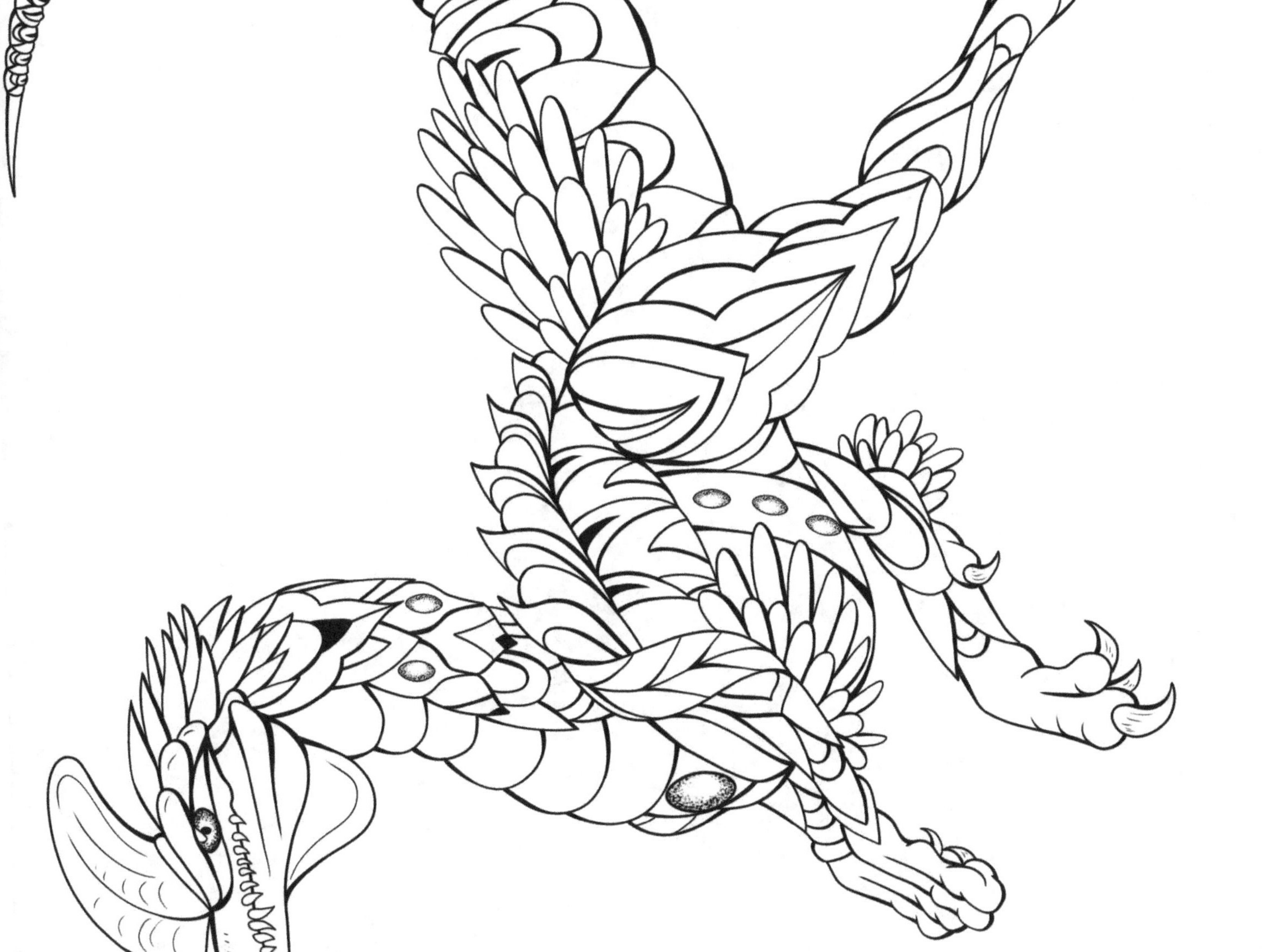

www.ingramcontent.com/pod-product-compliance
Lightning Source LLC
Chambersburg PA
CBHW081528220526
45467CB00010B/3097
9798721123917